天津市哲学社会科学规划研究项目成果

TJTY19-004

大数据战略背景下

天津市学生体质健康信息化公共服务体系研究

赵培军　著

天津社会科学院出版社

图书在版编目（CIP）数据

大数据战略背景下天津市学生体质健康信息化公共服
务体系研究 / 赵培军著. -- 天津 ： 天津社会科学院出
版社，2024. 10. -- ISBN 978-7-5563-1038-8

Ⅰ. G807

中国国家版本馆 CIP 数据核字第 20249MY665 号

大数据战略背景下天津市学生体质健康信息化公共服务体系研究
DASHUJU ZHANLÜE BEIJINGXIA TIANJINSHI XUESHENG TIZHI JIANKANG XINXIHUA
GONGGONG FUWU TIXI YANJIU

选题策划：韩　鹏
责任编辑：王　丽
装帧设计：高馨月
出版发行：天津社会科学院出版社
地　　址：天津市南开区迎水道 7 号
邮　　编：300191
电　　话：（022）23360165
印　　刷：北京建宏印刷有限公司
开　　本：710×1000　　1/16
印　　张：13.5
字　　数：202 千字
版　　次：2024 年 10 月第 1 版　　2024 年 10 月第 1 次印刷
定　　价：78.00 元

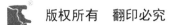

前　言

　　本书为天津市哲学社会科学规划研究项目《大数据战略背景下天津市学生体质健康信息化公共服务体系研究》(项目编码:TJTY19-004)研究成果。

　　学生体质健康一直以来都是学校体育工作的重点内容,在《国家学生体质健康标准》的指导下,全国大中小学生每年的体质健康测试数据汇聚于教育部建设的国家学生体质健康标准数据库。近年来,在进一步加强学生体质健康管理工作的政策背景下,部分省市建立了地方性学生体质健康数据库及综合服务平台,天津市在促进大数据应用的宏观政策驱动下,于2020年开始探索建立市级学生体质健康数据库和数据共享开放服务平台。

　　本书介绍了市、区、校、家四级学生体质健康信息化管理和服务体系的建设思路;提出了基于大数据思想构建贯穿小中高各年级学生的全生命周期体质健康数据链理念;从评价方式和评价对象两个维度重构了《国家学生体质健康标准》评价体系,借鉴计算机编程思想对评价指标及其权重进行了序号化、数组化描述和函数化界定,给出了便于计算机编程实现的各类得分和等级评价计算公式;开创性构建了以力量、速度、耐力、柔韧、灵敏五大素质为统一性、连贯性素质指标的学生体质健康诊断模型和算法;创新性开展了天津市学生体质健康信息数据标准研究,总结归纳了八个核心数据集,为后续信息化相关工作提供了统一的参考规范;研究了基于评价和诊断结果的动态运动处方干预策略;探索了包含数据分析、综合指数分析、数据挖掘、数据接口、数据仓库、数据共享开放的数据服务架构。

本研究可为相关学者开展学生体质健康测试后续服务研究和体育大数据研究提供可借鉴的参考。由于笔者的研究能力和水平有限,不足之处在所难免,恳请各位专家和读者予以斧正。

目　录

第一章 导 论

　　学生体质健康数据是教育大数据的重要组成部分。2002 年全国试行《学生体质健康标准(试行方案)》;2007 年更名为《国家学生体质健康标准》后正式实施;2014 年 7 月教育部对《国家学生体质健康标准》在运行中遇到的主要问题进行了相应的完善与修正,并印发了《国家学生体质健康标准(2014 年修订)》。为配合推广《国家学生体质健康标准》的需要,教育部于 2004 年开始建设中国国家学生体质健康标准数据库(简称 CNSHFD),数据源于每年各级各类学校向教育部上报的学生体质健康标准测试结果,该数据库可容纳全国 2 亿多学生每年按《国家学生体质健康标准》测试的全部结果和评价指标,并具有按各种要求进行基本统计、分析和检索的功能,是世界上最大的未成年人个体健康数据库,也是我国开展青少年健康研究、制定合理体育教育政策的数据基础,是衡量我国青少年体质健康状况的权威数据来源。但国家学生体质健康数据库在共享、开放和应用等方面也存在一定不足,其服务以国家层面的宏观分析为主,对地方和学生层面的微观服务能力不足;在数据的时效性、获得性和价值性等方面的后续服务能力略显不足,没有形成便利、高效的数据闭环管理和使用链;对学校、体育教师和家长来说该数据缺乏促进学生体质健康发展的更大价值体现。

　　2018 年 4 月 13 日,习近平总书记在海南省政务数据中心考察时提出"加快政府大数据平台建设是提高社会治理能力和水平的迫切要求"。为了发挥大数据促进经济发展、服务改善民生、完善社会治理的作用,培育壮大战略性新兴产业,加快构建数字经济和智慧城市。根据法律和国家有关规定,结合本市实际情况,2018 年 12 月 14 日天津市第十七届人民代表大会常务委员会第七次会议审议通过了《天津市促进大数据发展应用条例》。该条例旨在发挥大数据在商用、民用、政用方面的价值和作用,构建大数据发展应用新格局,培育数据驱动、人机协同、跨界融合、共创分享的智能经济形态。该条例明确指出优先推动包括教育在内的民生保障服务领域的政务数据向社会开放,并促进跨部门、跨地区、跨系统、跨层级的数据共享,建立物理分散、逻辑集中、资源共享、政企互联、安全可靠的大数据体系,鼓励健康医疗、文化教育、城乡服务等领域开展大数据应用和开发公共服务产品,提升民生服务水平。

天津市以发展大数据应用为突破口,加快构建数字经济和智慧城市,提高政府服务能力。学生体质健康数据作为天津市行政区域内大数据应用的重要组成部分,其管理和应用正处于起步阶段。在数据管理层面,天津市学生体质健康管理主要依赖于国家学生体质健康数据库和第三方服务平台,缺乏数据的拥有权和管理权,尚未建立起我市学生体质健康数据的自主长效管理机制,数据的时效性相对滞后,政府和教育管理机构缺乏在制定地方性政策上的有效数据支撑和决策依据。在数据应用层面,天津市尚未具备基于学生体质健康测试大数据的应用服务平台和提供数据共享、开放的能力,数据应用仍以宏观分析为主,较少涉及学生个体的微观评价和基于测试数据的运动干预,现有的市级数据服务平台功能不够完善,缺乏针对青少年的科学健身指导和运动处方干预平台。在体育教学层面,现有的体育教学仍以班级式、整体划一的群体性教学方式为主,忽视了学生的体质健康个体差异,对学生体质健康的评价和诊断缺乏技术手段和有效途径,难以开展个性化的分层次教学或运动处方教学,没有形成跨年龄、跨学校、跨指标的学生体质健康档案和数据链。在家庭教育方面,许多家长存在重智育轻体育的观念,对孩子体质健康发展缺乏有效的干预途径和监测手段,为了提高体测成绩而"考什么练什么",形成测试指标"指挥棒"效应,强化了"应试教育"思想。

在大数据时代背景下,以天津市促进大数据应用的宏观政策为驱动,如何建立天津市学生体质健康数据库和网络共享与开放平台,构建以学生健康数据为核心的数据链体系,让数据在不同阶段、不同群体和不同层面产生价值,是目前我市体育教育领域亟待解决的突出问题。为此,天津市正积极探索对国家学生体质健康数据库进行有效利用的手段和途径,鼓励挖掘学生健康数据的应用价值和服务价值,建立对本市学生体质健康监测数据的收集、开发、共享、开放的体制和机制,以及相应的技术管理平台和规范。本研究以天津市学生体质健康信息化公共服务体系建设为突破口,采用大数据思想和技术构建贯穿小学、中学和大学的全生命周期学生体质健康数据链,着眼于我市学生体质健康数据管理与服务以及相关标准、规范、政策的制定,探索面向政府、社会、学校、教师、家长和学生提供从宏观到微观的数据共享、开放和应用服务体系架构与机制,从而进一步丰富我市大数据应用体系,完善我市在学生体质健康数据管理和应用层面的理论框架,挖掘数据的潜在应用和服务价值,探索面向学生的体质健康诊断服务体系,研究个性化运动处方的策略和实现路径,为政府和教育部门提供促进学生体质健康发展的数据支撑和决策依据。

数据的价值在于应用。本研究目的在于增强我市对学生体质健康大数据的管理和应用能力,在数据上报国家学生体质健康数据库之前建立市级管控和服务平台,拓展我市开展大规模学生体质健康测试工作的后续服务能力:(1)通过数据分析和挖掘进一步规范学校学生体质健康测试工作,提高数据的精确度和有效性,为政府和社会提供宏观分析服务。(2)建立市级学生体质健康数据库和国家数据库的数据交换接口规范,建立我市学生体质健康数据标准。(3)促进我市学生体质健康数据在政府各部门、机构和学校之间的共享。(4)依据相关法律法规,促进我市学生体质健康测试数据主动、有序、安全地向社会和个人开放。(5)建立学生体质健康数字档案,通过学生体质诊断和运动处方研究,为学校和学生提供微观的数据分析和应用服务。(6)通过个体诊断为学校开展分层式体育教学提供可靠依据,推动结果性评价向过程性评价转变,进一步提高体育教学水平。

第二章　研究现状综述

一、学生体质健康现状

青少年肩负着中华民族伟大复兴的重担,其身心健康、体魄强壮是投身中国式现代化建设的基础和保障。为贯彻落实习近平总书记在 2018 年全国教育大会、2016 年全国卫生与健康大会上的重要讲话精神和《中国教育现代化 2035》《"健康中国 2030"规划纲要》《全民健身条例》《国务院办公厅关于强化学校体育促进学生身心健康全面发展的意见》等相关要求,为全面掌握我国学生体质与健康现状和变化发展趋势,指导各地和学校全面落实和贯彻新时代党的教育方针,科学开展学校体育、学校卫生与健康教育工作,助力教育强国、体育强国和健康中国建设,2019 年,教育部、国家体育总局、国家卫生健康委、国家民族事务委员会、科技部、财政部部署开展了第八次全国学生体质与健康调研工作,并于 2021 年 9 月 3 日正式发布调研结果,调研结果显示:

(1)学生体质健康达标优良率逐渐上升。2019 年全国 6～22 岁学生体质健康达标优良率为 23.8%,优良率较高的地区为东部经济发达和沿海地区。自 2014 年教育部颁布实施《国家学生体质健康标准(2014 年修订)》以来,我国学生体质健康达标优良率总体呈上升趋势,13～22 岁年龄段学生优良率从 2014 年的 14.8% 上升到 2019 年的 17.7%,上升了 2.9 个百分点。13～15 岁、16～18 岁、19～22 岁学生体质健康达标优良率分别上升 5.1、1.8 和 0.2 个百分点,初中生上升最为明显。

（2）学生身高、体重、胸围等形态发育指标持续向好。各年龄组男女生身高、体重、胸围指标均继续呈现上升趋势。与2014年相比,2019年全国7~9岁、10~12岁、13~15岁、16~18岁、19~22岁男生身高分别增加0.52cm、1.26cm、1.69cm、0.95cm和0.81cm,体重增加0.61kg、1.73kg、2.52kg、2.52kg和2.86kg,胸围增加0.53cm、1.01cm、0.99cm、0.82cm和1.54cm。各年龄组女生身高分别增加0.72cm、1.24cm、0.97cm、0.80cm和0.62cm,体重增加0.70kg、1.64kg、2.28kg、1.99kg和1.67kg,胸围增加0.52cm、1.03cm、1.38cm、0.95cm和0.83cm。

（3）学生肺活量水平全面上升。近10年来,全国学生肺活量持续增加,初中生增长最为明显。与2014年相比,2019年全国7~9岁、10~12岁、13~15岁、16~18岁、19~22岁男生肺活量分别增加82.5ml、153.6ml、209.7ml、161.2ml和92.3ml,各年龄段女生的肺活量分别增加105.3ml、166.0ml、187.2ml、147.0ml和102.2ml。

（4）中小学生柔韧、力量、速度、耐力等素质出现好转。中小学生柔韧、力量、速度和耐力等素质总体出现好转迹象,小学生和初中生的柔韧和力量素质改善较其他年龄段明显。与2014年相比,2019年各年龄段女生1分钟仰卧起坐成绩分别增加1.9个、1.9个、1.8个、1.6个和1.0个;7~12岁男生斜身引体增加0.7个。中学生的速度和耐力素质有所改善。与2014年相比,13~15岁、16~18岁男女中学生50米跑成绩有所提升,分别降低了0.09秒和0.01秒;13~15岁女生800米跑成绩降低4.49秒,13~15岁男生1000米跑成绩降低6.50秒。

（5）学生营养不良持续改善。2019年我国6~22岁学生营养不良率为10.2%,近10年来,各年龄段男女生营养不良状况持续改善。与2014年相比,2019年全国7~9岁、10~12岁、13~15岁、16~18岁、19~22岁学生分别下降2.1、1.6、2.4、2.6和2.3个百分点。

通过此次调研发现了学生视力不良和近视率偏高、学生超重肥胖率上升、学生握力水平有所下降、大学生身体素质下滑等一些亟待解决的问题。学生身体形态和营养不良状况持续改善，从营养不良向营养过剩转变；学生体质健康达标优良率高中生只增加了 1.8 个百分点，大学生只增加了 0.2 个百分点，基本上没有增长；在柔韧、力量、速度和耐力等身体素质方面，中小学生出现了好转，但大学生仍然没有出现好转；随着中考体育考试分值的提高，中学生尤其是初三学生体育活动时间显著增加，在校体育锻炼 1 小时比率，初三学生为 42.7%，高于高一学生的 30.6%，体质健康达标优良率初三学生为 29.2%，高于高一学生的22.6%；每天能够保证 1 小时以上在校体育锻炼时间的学生体质健康达标优良率为 27.4%，显著高于体育锻炼时间不足的学生的 17.7%；每天睡眠充足学生的近视率为 47.8%，显著低于睡眠不足的学生的近视率67.8%。

二、学生体质健康诊断研究概况

学生体质健康诊断是一个系统化、科学化的评价过程，对学生的身体形态、身体机能和身体素质进行综合评定，以了解和评估学生的体质健康水平，为学生提供个性化的健康建议和指导，促进学生体质健康发展，激励学生积极进行身体锻炼。在教学实践中，对学生进行体质健康诊断是体育教学的重要组成部分，诊断结果可以辅助教师制定体育教学目标，完善教学方法和手段，最大限度地帮助教师开展个性化针对性教学，由于体育教学过程的长期性和影响因素的复杂性，需要体育教师持续性地进行学生体质健康诊断，并根据诊断结果及时对教学目标和教学内容做出调整。

目前，我国学者对于学生体质健康诊断的研究主要集中在理论和方法上，部分学者构建了诊断的指标体系、评价模型和诊断算法，大量学者开展了针对部分群体或某个方法的实证性研究，个别学者进行了诊断和监测系统的研究。但对于使用大数据技术进行学生体质健康诊断的体系性研究和实证性研究较为匮乏。

谢佩娜在《大学生体质健康自我诊断模式建立》中指出：学生体质健康自我诊断被认为是学生体质健康管理走向科学化的重要方式，与学校体质健康测试评估相比,学生体质健康自我诊断在价值取向、程序与方法以及结果使用等方面,更强调学生的自主性。传统的学生体质测试工作只是单纯追求测试的证明功能,缺乏健康意识和健康导向作用,忽视测试后对数据的利用、分析、反馈和对学生的指导,学生无从进行体质健康的自我诊断。国内外关于体质健康测试评估的主要现状与发展趋势为重视评价效能的改进与建设,发挥评价健身价值教育,强调体质健康网络信息反馈平台与健身运动处方运用的研究,体质测评与生活实践相联系,归结指向决策与培养体育行动与能力。让学生通过多渠道的信息发现问题、诊断问题,建立健康信念,学习行动策略并获取健康行动能力,从体测数据变化中挖掘有用信息从而形成动态诊断模式。

马雪峰在《谈青少年体质健康评价诊断及干预对策》中以概念引入为先导,阐明青少年时期体质健康的重要性,提出了近视率增加、超重和肥胖率增加、单项身体素质发展不平衡等学生体质健康问题,分析了影响青少年体质健康发展的社会因素、教育因素和管理因素,继而关注到青少年健康评定的办法和体系,从而更科学地对青少年体质健康评价和诊断做出判定,提出了构建学校、家庭、社会三位一体的青少年体质健康促进机制等对策,以期进一步提高学生的体质健康水平。

黄燕春在《高职院校学生体质健康测试评价反馈机制存在的问题与建议》中指出:学生体质测试不仅是学校体育工作的重要组成部分,也是学校深入贯彻落实国家大政方针的任务之一。高职院校学生体质健康测试存在反馈机制不健全、反馈功能利用不充分、缺乏对评价反馈结果的重视等问题,并提出了建立体质测试监督管理部门、构建反馈机制的网络服务平台、积极为学生营造体质提升的氛围等对策。

杜建军、赵阳在《青少年体质健康模糊综合评价模型构建研究》中指出:研究青少年体质健康评价模型,形成新型青少年体质健康评价理论与方法,有效促进我国青少年学生的体质健康水平,是一项紧迫而又现实的课题。笔者采用分层随机抽样方法建构了青少年体质健康模糊综合评价模型,其构建过程为:对随机抽取的男、女学生所对应的体测结果,采用灰关联法分别求得相关系数,计算出权重向量,进而确立体质健康状况的等级,并将等级数值化,然后建立关于等级制度的隶属度函数,基于该函数得到评价指标与等级的模糊关系矩阵,最后将各层评价指标的权重与模糊关系矩阵进行模糊算子处理。

张慧清在《体质评价与运动处方联合干预机制对大学生体质的影响》中提出:为了促使大学生实现更加全面有效的体育运动,通过加强锻炼不断增强自身身体素质,有必要联合体质评价和运动处方,对大学生体质健康状况进行综合评价,并为大学生制定科学的健身规划和干预措施,以推进大学生加强体育锻炼,增强自身体质,实现综合素质的全面提升。

杨漾在《上海学龄儿童青少年体质健康指标 LMS 曲线及相关参考标准的研究》中指出:针对儿童青少年体质健康评价方法的有效性、可靠性以及实用性进行研究,已经成为当前体质测评研究的重点,在目前的体质健康促进工作中,亟须研制合适的过程性、个性化评价手段与参考标准。笔者将 LMS 方法引入儿童青少年体质健康评价方法的研究中,以上海市 7~18 岁学生为研究对象,运用上海市 2010 年的体质健康调研数据,拟合出部分学龄儿童青少年体质健康指标的百分位数曲线,从而制定出适应上海地区 7~18 岁学生的体质健康相关指标的参考值,并用上海市 2012 年体质健康监测数据进行回代验证。同时,采用 B/A/S 三层 J2EE 架构技术,研制开发适用于上海市儿童青少年的基于学生体质健康调研与监测数据库的在线测评系统,使每个上海市 7~18 岁的学生通过在线测评的方法,清楚了解本人在人群中所处的位置与状态,及与生长发育对应的状态,为学生提供一套简单易行的体质健康过程性评价方法。

李强在《大学生健康诊断系统研究》中提出了研制开发大学生健康诊断量化智能系统的观点和方法,笔者分别从健康诊断、健康分型、健康性维护能力三个方面建立子系统,并对各个子系统进行了理论模型、数学模型和程序设计的研究,通过三维诊断法对学生身体健康的三个方面态势进行诊断,从而形成诊断系统,并且具有数据化、系统化以及操作自动化等特点,可以分析预测学生健康发展态势的变化。

王景明在《大学生健康诊断与监测系统研究(一)》中通过三维诊断法和预测学技术研发了健康诊断和动态监测系统。该系统由问诊内容、技术方法和量化系统结构体系三部分组成,可以使学生全面、及时、准确地了解自己健康状态,并且为体育教师研制了《健身运动处方》,用于指导学生科学运动。该系统的建立为有针对性的健康教育奠定了基础,为开展健康促进工程、制定科学计划和实施方案提供依据,对于预测学生健康态势具有重要意义。

王玲,李平斌在《〈大学生体质健康标准〉实用软件的研制与应用》中根据综合性大学的特点及体测工作实际操作与管理的复杂性建立了《大学生体质健康标准》实用软件。该软件实现了学生基本信息数据的批量导入、对学生测试成绩的自动评分和评定等级、对学生各单项成绩的统计评价和电子化信息管理,并且建立了专家诊断系统,通过诊断结果分析学生体质状况,设计运动处方对大学生健身锻炼进行指导。

三、运动处方研究概况

美国对运动处方的研究始于 20 世纪 60 年代初,"有氧运动之父"运动生理学家库伯认为要解决"如何评定运动后的效果"这个问题,就必须设计符合自身的健身运动处方,强调了不同的人应该根据心脏的不同状况来定制处方,创造了沿用至今的 12 分钟跑有氧能力测试法,推行的"库伯化"健康生活方式被大众广泛接受。1984 年得克萨斯州有 20% 的居民参加了库伯倡导的有氧锻炼运动,使得美国社会各界对运动处方的研究高度重视,运动医学界首次向健康人推荐了增强和保持健康的运动处方,在学校体育教育中也开始引入运动处方进行健康指导。1984 年斯拉瓦《关于体育教学长期效果问题》揭示出美国大学毕业生通过长期传统体育教学方式并没有获得应有的身体锻炼效果。此外,为使大众科学健身,由美国专家制定的《成年人有氧锻炼健身运动处方》使得健身运动处方在美国大众健身方面得到广泛应用。美国运动医学学会在 1995 年推出健身运动处方建议"FITTP",包括 F-Frequency(频率),I-Intensity(强度),T-Time(时间），T-Type（性质）和 P-Progression（进度）。

生理学教授猪饲道夫倡议建立了日本健身运动处方委员会，为了对运动处方进行深入的研究和应用实验，在日本开设二十几个研究小组，并于1970年成立了"日本体育科学中心"，以日本、美国、英国等大众体质和运动处方应用情况为基础，制定了针对日本国内民众的健身运动处方。1971年，日本健身运动处方委员会开始对健身增强体质进行实验研究，用了近3年时间对健身运动处方的基本原理和具体实施过程进行了研究，之后于1973至1980年对健身运动处方的具体方法进行推广，编写出版《日本健身运动处方》，取得了显著的研究成果。

我国对运动处方的研究和应用始于20世纪70年代末。经过几十年的发展，运动处方在我国的研究已经不断深入和完善，对运动处方的各要素（运动时间、种类、强度、周期和频度等）做了较为深入的研究和探讨，如用分子生物学、免疫生物学、细胞生物学等领域技术解决现实运动生理问题，例如长高运动处方、医疗运动处方等；再例如采用有关细胞水平氧化代谢技术研究运动对抗衰老、关节炎等疾病的影响等；另外，在体育教学中也广泛开展了运动处方理论和实证研究。

陈中医、孙青在《运动处方教学模式对大学生体质健康影响的研究》中指出，运动处方教学模式具有较强的科学性、针对性和实效性，克服了传统体育刻板、无趣的弊病。不仅能有效发挥学生的主观能动性，激发学生学习体育的热情，促进学生的全面发展，对于增强青年学生体质和改革体育教学模式意义重大。

邵灿江从高中学生的体育教学基本情况出发，在《基于高中生体质健康指数的个性化运动处方研究与探讨》中指出：制定适合高中学生的个性化运动处方来弥补目前在学校体育锻炼上的缺失，提升高中学生的体质健康指数，并且通过一系列的个性化运动处方实践，不仅能够提高学生体质健康水平，提升学生的成就感和学习动力，还能够培养学生持之以恒的奋斗精神。

魏玉轩、金宗强在《运动处方教学对大学生体质的促进研究——以篮球专项为例》中对实验对象体质指标总体态势和个体态势进行了诊断,将体质的评价与诊断结果及时反馈给学生,制定出针对提高学生体质健康水平的运动处方,实施个性化的运动处方教学并融入篮球专项教学,切实提高学生的体质健康及专项体育技术水平。

王靖在《"快易网球"运动处方对大学生男生体质影响的实验研究》中,通过将运动处方融入体育教学训练的实验研究,证实了开展运动处方教学可以有效提高学生的下肢力量、灵敏素质、心肺功能、柔韧素质和减轻体重,从整体上来看学生的体质有很大的进步。

聂慧在《高校制定针对体质健康的个性化运动处方的可行性研究》中指出:针对大学生体质健康测试的相关问题,大多数的研究者重视测试的证明功能,针对各项体测指标给出具体得分,只有极少部分研究关注了给予学生、家长及教育者恰当的反馈信息和必要的健身指导意见。

张伟、贡建伟、吕玉军在《个性化运动处方与大学生体质健康关系研究》中研究了实施个性化运动处方后,大学生在身体形态、身体机能、身体素质等多项指标有显著的变化,对学生身体肌肉适能、柔韧适能和心肺功能等方面有着积极的促进作用。

祝捷、王少璞在《社会学视阈下运动健康生活方式探究——评〈体质健康评价与运动处方〉》中提出了提高全民体质健康水平的重要手段就是引入运动处方的观点。运动处方在具有特别针对性的同时对广大人民群众都有很强的适用性,运动处方根据个体体质健康状况的差异,给予"定制化"设计的不同时长、不同强度、不同难度、不同频率的运动锻炼方案,具有很强的实效性。

胡哲生在《运动处方是提高体育教学效果的有效手段》中指出:在教学实践过程中,运动处方对教与学起着导向、激励、诊断、调节和评价等作用,是一种新型体育教学模式,能够增强学生积极进行体育锻炼的主动性。

目前,我国学者在运动处方研究方面取得了大量的研究成果,主要集中在运动处方对体育教学、运动训练、医学、生理和健康方面的促进作用,通过大量实证研究也取得了较为丰富的实践经验。但是,当前的研究主要停留在人工分析和编制运动处方层面,对于使用数据挖掘、机器学习等人工智能技术和大数据技术开展智能化运动处方研究的成果较少。

四、大数据发展动态

大数据的研究是对海量数据做统计性的搜索和比较、聚类和分类等的分析和归纳。大数据的应用是利用数据分析的手段和方法,从海量数据中挖掘出有效信息为用户提供辅助决策以实现大数据价值的过程。全球已步入大数据时代,世界各国政府和组织普遍认识到大数据的重要作用,将开发利用大数据作为夺取新一轮竞争制高点的重要抓手,纷纷制定相关政策积极推动大数据相关技术的研发与落实。

在美国,2009 年 5 月,美国政府推出 Data. gov 开放性网络平台,用于公开政府信息、工作程序和决策过程;2012 年 3 月,美国白宫科技政策办公室发布《大数据研究和发展计划》,成立"大数据高级指导小组",旨在大力提升美国从海量复杂的数据集合中获取知识和洞见的能力;2013 年 11 月,美国信息技术与创新基金会发布《支持数据驱动型创新的技术与政策》;2014 年 5 月,美国总统行政办公室发布《大数据:把握机遇,保存价值》,对美国大数据应用与管理的现状、政策框架和改进建议进行了集中阐述;2016 年 5 月,美国总统科技顾问委员会发布了 NITRD 编写的《联邦大数据研究和开发战略计划》,提出美国下一步的大数据七大发展战略。

在欧盟,2014 年欧盟委员会发布了《数据驱动经济战略》;2015 年欧盟大数据价值联盟正式发布了《欧盟大数据价值战略研究和创新议程》;2017 年欧盟委员会发布《打造欧洲数据经济》报告。

在英国,2012 年 5 月世界上首个开放式数据研究所在英国政府的支持下建立;2013 年 1 月英国商业、创新和技能部宣布注资 1.89 亿英镑发展大数据技术;2013 年 10 月发布《英国数据能力发展战略规划》。

在法国,2011 年 12 月法国政府推出公开信息线上共享平台 data. gouv. fr;2013 年 2 月法国政府发布《数字化路线图》,明确了大数据是未来要大力支持的战略性高新技术;2013 年 4 月法国投入 1150 万欧元用于支持法国在大数据领域的发展;2013 年 7 月法国中小企业、创新和数字经济部发布了《法国政府大数据五项支持计划》。

在日本,2012 年 6 月日本 IT 战略本部发布电子政务开放数据战略草案;2012 年 7 月日本推出了《面向 2020 年的 ICT 综合战略》,其中重点关注大数据应用;2013 年 6 月日本公布以发展开放公共数据和大数据为核心的新 IT 国家战略。

我国正处于数字经济发展的转型时期,党中央、国务院高度重视大数据发展,将大数据上升为国家战略之一,目前大数据在支撑履行政府职能、保障公共安全、实施社会治理、支持重大决策和改进公共服务等方面正发挥出越来越重要的作用。党的十九大明确提出"推动互联网、大数据、人工智能和实体经济深度融合";2015 年国务院发布《促进大数据发展行动纲要》;2016 年工信部发布了《大数据产业发展规划(2016—2020 年)》;2017 年 5 月 14 日,习近平在"一带一路"国际合作高峰论坛上发表讲话,"推动大数据、云计算、智慧城市建设,连接成 21 世纪的数字丝绸之路";2017 年 12 月 8 日,习近平在中共中央政治局第二次集体学习时强调"实施国家大数据战略加快建设数字中国"。围绕国家政策,国家部委和相关行业在 2016 至 2017 年间陆续出台 12 个系列政策来促进推动大数据在各个领域中的应用。截至 2017 年底,各省市相继出台 52 个大数据相关政策文件,10 个省份成立了大数据管理机构。截至 2018 年底,我国共设有 8 个国家大数据综合试验区,其中贵州为先导试验型综合区,京津冀和珠三角为跨区域类综试区,上海、河南、重庆和沈阳为区域示范类综试区,内蒙古为基础设施统筹发展类综试区。

五、学生体质健康大数据研究概况

目前,大数据在体育领域的应用范围越来越广,涉及体育教育、体育管理、体育产业、赛事新媒体传播、竞技体育训练、技战术分析、全民健身等各个领域。体育领域的数据研究借助大数据获得研究方法上的革新,提升了体育数据的价值,也为体育事业发展带来了更多的机遇和挑战。

全国大中小学校每年组织覆盖全体学生的体质健康测试,积累了海量的学生体质监测数据,这些数据蕴藏着众多信息,但在学生体质健康大数据应用和分析方面的研究成果则显得较为薄弱。以学生体质健康和大数据为关键词,在中国知网全文数据库中检索到的文献资料较为稀少,相关研究主要集中在以大数据的思想和理论来改进学生体质健康促进工作的思路和方法,以描述性研究和理论性研究居多,系统性和实证性研究较少。如何探寻学生体质健康海量数据之间潜在的联系,针对学生体质健康促进工作存在的主要问题,使用大数据技术和思想提出切实可行的解决方案是当前的主要任务。

杨军在《学生体质健康测试数据应用面临的问题与对策研究》中提出在高等教育与基础教育阶段,学生体质健康数据在基层中存在"脱节"现象,还有数据采集的误差率难以控制、数据管理不规范、体育科研人员对数据的重要作用和价值认识不到位等问题。

钟亚平、谷厚鑫、刘鹏在《体质健康大数据驱动的体育分层教学改革思路探析》中论述了体质健康大数据不仅可以为学生分层教学提供事实依据,还能够为预防运动风险和体育教学评价提供有效手段,成为学校体育分层教学的有力支撑。同时提出了由体质健康诊断、学生动态分层、教学方案设计、分层教学实施和分层教学评价五部分组成的分层教学框架。

樊初八在《大学生体质测试大数据建设的必要性分析》中提出了学生体质健康大数据体系建设的目标和必要性,设计了由调查系统、评价系统、指导系统和干预系统组成的学生体质健康大数据体系总体设计方案。

陶霞在《大数据时代下大学生体质健康测试后续服务管理模式创新研究》中分析了学生体质健康测试后续服务存在的问题,并提出借助大数据技术提供科学的锻炼方法、营造良好的锻炼氛围、提供持续的干预能力、建立大数据对比库和大数据交流平台的建议。

刘韵婷和郭辉在《基于大数据的体质健康测试云平台系统设计》中提出了由云基础平台、体质健康云服务支撑平台和体质健康云应用平台构成的体质健康测试云平台设计方案,并阐述了网络资源、体质健康档案库、云服务门户、体质监测管理、信息标准体系、数据决策分析等云平台功能。

黄永正在《大数据背景下学生体质测试的创新发展》中提出了利用大数据思维和方法掌握学生体质真实情况、预测其发展趋势、动态监测学生体质测试工作和建立预警机制的理念。

樊云在《大数据环境下学生体质健康信息管理研究》中提出了以学校为管理域,利用校园网采用 B/S 和 C/S 相结合模式下构建学生体质健康信息网络管理系统的构想。

六、各省市学生体质健康管理服务平台建设现状

现阶段,各省市学生体质健康管理主要依托《国家学生体质健康标准(2014年修订)》定期开展的学生体质健康测试工作,测试数据的应用主要集中于三个层次:一是教育部所代表的国家层面,对所采集数据的整体性、发展性、规律性等宏观趋势进行研究;二是各地区教育主管部门根据地区实际工作开展的区域性数据服务研究;三是广大科研工作者结合研究热点开展的特色数据应用研究。

在省市级学生体质健康管理系统建设方面,全国学生体质健康数据管理中心已经批准审核 20 家企业具备数据直报资格。在全国学生体质健康数据管理中心的支持下,北京、上海、浙江、河南、河北等省市已经建立了地方性数据管理系统,健全了组织实施架构,完善了各级监测网络和教育行政部门数据应用和管理模式,实现全信息化的测试流程和个性化的统计分析,上海市还使用微信公众号建立了反馈机制。2017 年 9 月,河南省学生体质健康监测中心成立,同时上线了河南省学生体质健康大数据管理平台,标志着河南省学生体质健康监测由主观评价向客观评价转变。

此外,使用百度搜索到部分省市建设的学生体质健康相关服务网站或平台如表 2-1 所列。

表2-1 部分学生体质健康网络服务平台

序号	网站名称	网址	主办单位	栏目设置
1	学生体质健康网	http://www.csh.edu.cn	全国学生体质健康标准数据管理中心	政策文件动态、新闻、了解标准、数据上报平台、学校查询、仪器展示、资料下载、常见问题解答、数据查询
2	国家学生体质健康标准服务网(北京市)	http://bjsh.bjedu.cn/tzjk-bzfww/	北京市体育卫生与艺术教育处	通知公告、数据公示、政策文件、了解标准、资料下载、问题解答、测试数据上报入口(北京市)、测试数据上报入口(教育部)
3	广东学生体质健康网	http://www.gd-sh.org.cn	广州体育学院	新闻公告、数据上报平台、学校体育、对外服务、政策文件、仪器展示、资料下载、标准解读、常见问题解答、运动与健康指导(不可用)、学生体质健康在线测评
4	海南学生体质健康网	http://www.hncsh.net	海南省学生体质与健康数据管理中心	新闻动态、最新公告、学校体育、学校卫生、学校艺术、体质健康、下载专区、幼儿体质健康子网、海南省学生体质健康数据管理与分析系统、海南省学生健康档案管理系统、数据上报快捷通道

序号	网站名称	网址	主办单位	栏目设置
5	山东省学生健康网	http://www.sd-jktj.com	山东省卫生和计划生育委员会	通知公告、工作动态、政策法规、健康知识、资料共享、学生健康体检管理系统、学生健康成长档案
6	河北省学生体质健康标准数据管理与分析系统	http://stzpt.hebtu.edu.cn	河北省教育厅	特定用户登录使用,不开放用户注册功能
7	江苏省学生体质健康促进研究中心	http://sh.njnu.edu.cn	江苏省学生体质健康促进研究中心	中心概况、健康监测、健康干预、中心课题、校园足球、互动交流、在线服务、资料下载、网站地图
8	上海交通大学学生体质健康网	http://tz.52cs.com.cn	上海交通大学体育系	最新公告、体侧新闻、政策文件、体测标准、数据、图说体测、体测视频
9	上海市学生体质健康监测中心检测中心网站	http://www.tzjk.net/default.aspx	上海市学生体质健康监测中心检测中心	新闻中心、数据上报平台、上报数据分析、监测网络工作平台、学生体质在线测评

目前,省市级学生体质健康服务网站的数量较少,现有功能主要是服务于国家学生体质健康测试数据和省市测试数据的上报,网站栏目以新闻公告、政策文件、标准解读、资料下载、数据查询等为主,栏目内容同质化严重。其中,海南省学生体质健康网提供了学生健康档案管理服务,但普通用户无法注册;山东省学生健康网提供了学生健康成长档案管理系统和 BMI 在线测试功能;上海市学生

体质健康监测中心网站提供了在线测评功能,可自由选择测试项目,根据不同年龄段和性别输入测试数据后计算总体成绩,并给出及格、合格、良好和优秀的等级评价,但上海市学生体质健康监测中心网站提供的在线测评服务功能比较单一,没有提供详细的体质健康分析报告和改善体质健康状况的解决办法。总体上看,现有的学生体质健康网站推出的各类管理系统主要针对学校和管理员等特定用户开展特定服务,较少提供面向广大学生和教师以及大众的开放性公共服务。

第三章　研究的理论基础

近年来,国家出台了一系列关于学校体育和学生体质健康的政策文件,均明确提出了加强学校体育教育、促进学生体质健康的具体要求和措施。《教育部办公厅关于进一步加强中小学生体质健康管理工作的通知》(教体艺厅函〔2021〕16 号)文件中的第五条和第六条对于学生体质健康管理和监测作出了明确的要求,文件指出:一要完善体质健康管理评价考核体系,要把体质健康管理工作纳入地方教育行政部门和学校的评价考核体系,各地教育行政部门要高度重视体质健康管理工作,建立日常参与、体育锻炼和竞赛、健康知识、体质监测和专项运动技能测试相结合的考查机制,积极探索将体育竞赛成绩纳入学生综合素质评价;二要切实做好体质健康监测,各地各校应全面贯彻落实《国家学生体质健康标准(2014 年修订)》《学生体质健康监测评价办法》等系列文件要求,对体质健康管理内容定期进行全面监测,建立、完善以体质健康水平为重点的"监测—评估—反馈—干预—保障"闭环体系,认真落实面向全体学生的体质健康测试制度和抽测复核制度,建立学生体质健康档案,真实、完整、有效地完成测试数据上报工作,研判学生体质健康水平,制订相应的体质健康提升计划。

一系列政策文件强调了利用现代信息技术手段,开发和创新体育教学资源,不断提高学校体育信息化和科学化水平,为学生体质健康信息化公共服务体系建设提供了明确的政策导向和支持。学生体质健康信息化公共服务体系要广泛采纳健康促进、运动生理负荷、学生身体素质、信息技术与体育教育融合、大数据和数据治理等多方面理论,以此形成学生体质健康信息化公共服务体系的理论基础,通过信息化手段实现对学生体质健康状况的精准把握和有效干预,为提升学生体质健康水平提供有力支持。在当今大数据时代,构建学生体质健康信息化公共服务体系不仅符合国家对体育教育改革的要求,也是实现教育现代化的重要步骤。下面将探讨学生体质健康信息化公共服务体系的理论基础,旨在为后续研究提供科学、有效的政策和理论支撑。

一、青少年健康促进理论

健康促进理论强调通过综合手段干预和改善影响身体健康的因素,实现个体和群体健康水平的提升。早在 1920 年著名学者温斯洛(Winslow)就提出了"健康促进"这一概念,将健康促进理解为开展健康教育和制定健康政策,主张通过开展个人卫生教育和健全社会机构职责,应对各种危险因素,以维持和增进健康的生活水准。汪晓赞、郭强等学者通过梳理国内外青少年健康促进理论与实践的历史发展,总结出青少年健康促进的两次重要转向:一是由早期疾病诊疗的辅助手段转向提倡积极健康的生活方式;二是由制定健康公共政策的理论探索转向推动行动计划的实践实施,归纳了我国青少年体育健康促进的推广和实施主要体现在健康促进学校的实施与推广、国家宏观政策的推动和多元联动机制的探索等几个方面,并在《中国青少年体育健康促进的理论溯源与框架构建》一文中提出了包含身体干预、心理调节和营养膳食的多维发展格局,学校、家庭、社区联动的多维发展策略和基于现代信息技术的监测、评价、管理等多维监管机制的中国青少年健康促进框架体系,从而推动以积极生活方式为核心的具有中国特色的体育健康促进理论与实践全面发展的策略。

1.概念界定

青少年健康促进是指通过教育、政策、环境支持等多种手段,促使青少年采取健康的生活方式,提高身体素质,预防和减少疾病,从而实现个体在身体、心理和社会适应等方面的全面健康。

2. 主要内容和策略

（1）健康教育

提供关于健康饮食、体育锻炼、心理健康等方面的知识和信息,增强青少年对健康问题的认识和自我管理能力,针对不同年龄段和特定群体设计个性化的健康教育方案,以满足不同青少年的健康需求。

（2）政策倡导

制定和实施有利于青少年健康促进的政策法规,如加强学校体育教育、推广健康生活方式等,通过政策引导,鼓励社会各界共同参与青少年健康促进工作,形成全社会关注和支持健康事业的良好氛围。

（3）环境支持

营造良好的生活环境和体育设施,提供便捷、安全的体育锻炼场所和器材,加强食品安全监管,保障青少年饮食安全,改善空气质量,减少环境污染对健康的危害等。

（4）行为干预

通过健康评估、健康咨询等手段,了解青少年个体的健康状况和需求,制定个性化的健康促进计划。鼓励青少年采取健康的生活方式,如规律作息、合理饮食、适量运动等,以降低患病风险,提高学习、生活质量。

3. 工作目标

青少年健康促进的目标是帮助个体实现最佳的健康状况,包括身体、情绪、社会适应性、精神和智力健康等水平,通过提高个体的身体素质和心理健康水平,促进个体在社会环境中的良好适应和发展。

青少年健康促进是为了达到理想健康状态而使用一定的手段来实现的策略,这些策略主要指政府制定的策略、社会组织之间构建的平台、开展各种体育活动、宣传健康教育、政府和相关组织提供的健康促进服务等,各参与方要统筹规划、相互协调,共同为达到目标而努力。

二、运动生理负荷

目前文献资料中对生理负荷的定义尚不明确,一般用"运动负荷""负荷"或"生理负荷"等词来表示。《辞海》定义的负荷是指"动力设备、机械设备、生理组织等在一定的时间内承受的工作量"。在体育学中,学者认为负荷反映的是有机体在一定时间内进行各类活动时身体完成一定工作内容的量度,因此,体育领域的负荷是人体生理组织的运动负荷。《学校体育大词典》定义的运动负荷是指"通过对总时间内运动内容、运动强度、运动数量和运动密度的规定,对外部身体活动作定量的过程描述,是描述人体行为动态过程的外部参量,其性质是一种过程量"。体育课负荷则是指学生在体育课中做身体锻炼所承受的生理负荷,主要由锻炼的数量和强度所定。

1.适宜生理负荷量

高等学校教材《运动生理学》中以生理负荷量指数来判断运动负荷,认为中等运动负荷的指数在 1.4~1.6 之间,同时书中也介绍了用百分数法(K%)来判断,其中中等生理负荷量对应的 K 值是在 40~60 之间。李伟民主编的《体育与健身》教程中认为使心率维持在 120~160 次/分是合适与有效的运动量。此外,沈彬等学者用平均脉率来衡量,指出国内无论是中学还是小学,125~155 次/分是比较适宜的心率标准;还有学者认为年龄不同,身体机能发展水平不同,学生适宜的心率也不同,指出高中男生以 135~155 次/分、高中女生以 125~145 次/分、初中生以 125~145 次/分、小学生以 120~130 次/分为宜;曹大健等学者指出在上课的不同阶段,适宜心率不同,认为在准备活动和基本部分时心率分布应在 120 次/分和 145~175 次/分为宜,在活动的结束部分逐渐下降,在下课 10 分钟后大部分学生能恢复到正常状态;而凌启平提出用体育课中的平均脉搏来衡量体育课的运动负荷,认为青少年体育课中的平均心率在 125~145 次/分较为适宜;何晓渝等学者提出用体育课的锻炼密度来评定体育课运动负荷的大小,认为适宜的锻炼密度为男生在 40%~50%、女生在 30%~40%为宜。

2. 偏大生理负荷量

高等学校教材《运动生理学》中定义生理负荷量指数在 1.6～1.8、1.8～2.0 之间分别为大、最大运动负荷,把大、最大生理负荷量对应的 K 值规定在 60%～70%、70%～80% 之间。另外也有学者用基础脉搏来判断,认为在体育活动后,基础脉搏每分钟增加大于 12 次,就可以判断体育活动时的运动量过大或运动时间过长,如果基础脉搏在以后时间内还在上升并伴有疲劳的感觉,则必须降低运动量或减少运动时间,以保证在自己所能承受的范围之内。此外,沈彬等学者提出学生在体育课中偏大生理负荷时平均脉搏都高于 150 次/分;曹大健等学者提出高中男生高于 155 次/分、高中女生高于 145 次/分、初中高于 135 次/分、小学高于 125 次/分均为偏大;何晓渝等学者提出锻炼密度男生超过 50%、女生超过 45% 为偏大;石应璇根据青少年在锻炼后的即刻心率来划分负荷强度,认为女生在 155～170 次/分、男生在 160～175 次/分之间为大强度,女生在 175～185 次/分、男生在 170～185 次/分之间为次最大强度,女生在 185 次/分以上、男生在 190 次/分以上为最大强度。

3. 偏小生理负荷量

高等学校教材《运动生理学》中定义生理负荷量指数在 1.2～1.4、1.0～1.2 之间分别为小、最小运动负荷,把小、最小生理负荷量对应的 K 值规定在 20～40、1～20 之间。此外,有学者以平均脉率来衡量,例如沈彬等学者提出偏小生理负荷量对应的心率一般都小于 120 次/分;喻长虹学者提出青少年的偏小生理负荷量一般在体育课中平均脉搏在 125 次/分以下;何晓渝等学者提出锻炼密度男生低于 30%、女生低于 25% 为偏小;石应璇提出锻炼后的即刻心率女生在 135 次/分左右,125 次/分以下、男生在 130 次/分左右,120 次/分以下分别为小强度、最小强度。

三、学生的身体素质

(一)身体素质概述

《体育词典》(1984 年中文版)对身体素质的定义是:"身体素质是指人体活

动的一种能力,是人体在运动、劳动与生活中所表现出来的力量、速度、耐力、灵敏及柔韧性等机能能力。"

力量素质是指人的机体或机体的某一部分肌肉工作(收缩和舒张)时克服内外阻力的能力。外部阻力是指物体的重量、支撑反作用力、摩擦力以及空气或水的阻力等,内部阻力包括肌肉的黏滞力、各肌肉间的对抗力等。克服外部阻力往往是发展力量素质的手段,人体在克服这些阻力中提高自身的力量素质。

速度素质是指人体或人体某部位快速反应、快速完成动作、快速移动的能力。对于速度素质的内涵过去有着不同认识,不少人认为速度就是跑得快、游得快,是指"尽快向前运动的能力"。近几年对速度的认识逐步趋向一致,即速度素质包括三个方面,分别是运动时人体对各种信号刺激的快速反应能力、快速完成动作的能力以及快速通过一定距离的能力。

耐力素质是指机体维持长时间进行工作或运动而不疲劳的能力,也是反映人体健康水平或体质强弱的一个重要标志,其内涵和分类比较庞杂。对于学生的一般体育锻炼,重点是发展肌肉耐力和全身耐力,促进心脏机能发展。所谓肌肉耐力,是指某一肌群持续一定时间或次数,并保持一定强度进行运动的能力。全身耐力,是指身体能够持续一定强度的全身运动的能力。

柔韧素质是指人体关节活动幅度的大小以及跨过关节的韧带、肌腱、肌肉、皮肤及其他组织的弹性和伸展能力。柔韧素质取决于两个方面的因素:一个是关节活动幅度的大小,一个是跨过关节的肌肉、肌腱、韧带等软组织的伸展性。关节的活动幅度主要取决于关节本身的解剖结构,跨过关节的肌肉、肌腱等软组织的伸展性。

灵敏素质是指人体在各种突然变换的条件下,快速、协调、敏捷、准确地完成动作的能力。灵敏素质是人的运动技能、神经反应和各种身体素质的综合表现,在不同程度上体现了力量、速度、耐力、柔韧等素质:通过力量特别是爆发力量,控制身体的加速或减速;通过速度,特别是爆发速度,控制身体移动、躲闪、变换方向的快慢;通过柔韧保证力量、速度的发挥;通过耐力保证持久的运动能力。

各素质的综合运动和协同配合是完成体育动作的基础,动作的熟练程度直接体现了灵敏素质的高低,神经反应决定了反应速度的快慢、判断是否准确、应答动作是否及时,反应迅速、判断准确、应答动作及时都是灵敏素质的先决条件。

(二)学生身体素质的自然增长

身体素质的水平因人而异,同一个人在不同年龄段和不同条件下身体素质也会发生变化,变化的形式主要为自然增长、自然减退和训练增长。中小学生正处在生长发育的旺盛时期,伴随生长发育各个器官和系统的结构与机能日趋完善与成熟,各项身体素质也得到相应增长,这种随年龄而增长的现象称为身体素质的自然增长。相反,自然减退则是当人体生长发育完全成熟之后,随着年龄的增长,各个器官系统机能逐渐降低,从而引起各项身体素质的减退。然而,通过对各种肌肉群进行不同形式的锻炼,能有效提高身体素质或在一定程度上延缓身体素质自然减退的速度。中小学生身体素质的自然增长和运动能力的提高,是以形态、机能的发育作为生物学基础,并受其生长发育的规律支配的。

在整个生长发育过程中,由于生长发育进度的不同,身体素质的自然增长表现出明显的波浪性和阶段性。各类身体素质的自然增长由于受形态、机能发育的影响和制约,增长速度有快有慢,增长的顺序有先有后,过渡到稳定阶段和出现高峰的时间有早有晚。

身体素质发展的不均衡与形态、机能的发育密切相关。速度、灵敏和协调素质的发展,在很大限度上取决于神经系统的灵活性和反应速度,儿童少年时期,特别是儿童时期,神经系统是各器官系统中发育最早的一个系统,因此,速度、灵敏和协调素质在这一时期提高较快。力量素质的发展,主要取决于肌纤维的粗细和肌肉横断面积的大小,从身体形态发育的过程来看,人体各部位长度指标的增长早于围度、宽度指标,且较早地进入稳定阶段,在生长发育突增期(即青春前期),人体各部位长度指标增长较快,身高出现突增,而肌纤维细而长,肌肉横断面积小,肌肉力量相对较差;当人体各部位长度指标的增长速度减慢之后,人体各部位围度、宽度指标的增长速度开始加快;此后,肌纤维逐渐变粗,肌肉横断面积加大,肌肉力量增强,但仍需要一个较长的过程才能进入稳定阶段,这是力量素质较晚进入稳定阶段的重要原因。在快速增长阶段,体重、胸围等指标的增长量比身高增长量要小,表现为下肢爆发力、上肢静力性力量耐力的增长落后于速度、灵敏及腰肌力量的增长;而在缓慢增长阶段,由于体重、胸围等指标增长比身高等长度指标的增长量大,表现为下肢爆发力和上肢静力性力量耐力的增长要快于速度、灵敏及腰腹肌力量的增长。速度耐力和力量耐力是以无氧代谢能力和力量素质作基础的,由于儿童少年正处在迅速生长发育阶段,安静时氧化过程比成人旺盛,耗氧量多,且血红蛋白和肌红蛋白的含量比成人少,心脏机能较弱,无氧代谢供能能力较差,且因为神经系统的强度比成人小,对刺激的耐受力差,使速度耐力和力量耐力的发展受到一定限制,进入稳定阶段的时间也较其他素质晚。

(三)运动技能的形成规律

运动技能是指人体在运动过程中掌握和有效完成专门动作的能力。形成与发展运动技能除需要具有力量、速度、耐力、柔韧、灵敏等身体素质,还包括在神经系统调节下不同肌肉群协调工作的能力,这种能力包括反应的快慢、肌肉收缩的强弱、身体各部位的协调等。运动技能的形成和提高大致包括粗略掌握动作、改进和提高动作、巩固和运用自如三个阶段,要加速运动技能的形成和提高,取得良好的效果,就必须遵循运动技能形成的规律。

1.粗略掌握动作阶段

该阶段的特点是大脑皮层兴奋与抑制都呈现扩散状态,出现泛化现象,使条件反射暂时联系不稳定,表现出做动作比较吃力、紧张而不协调,并伴随一些多余动作,因此该阶段的任务是建立正确的动作表象和概念,使之在不断练习过程中粗略地掌握动作,对技术的细节可暂不要求,但要有足够的练习时间和重复的次数。

2.改进和提高动作阶段

该阶段的特点是大脑皮层运动中枢的兴奋和抑制过程逐渐集中,由于抑制过程加强,特别是分化抑制得到发展,由泛化进入分化。运动过程中大部分错误动作得以纠正,能比较顺利、连贯地完成整个动作技术,但不熟练,能够初步建立动力定型,在遇到新的刺激后多余的、错误的动作可能会重新出现,因此,该阶段要在粗略掌握动作的基础上,进一步消除紧张和错误动作,加深理解动作结构的内在联系,从而不断提高动作质量,建立动作的动力定型。

3.巩固与运用自如阶段

该阶段的特点是大脑皮层运动中枢的兴奋过程高度集中,内抑制相当牢固,接通机制稳定,形成了牢固的动力定型,因而能高度准确、熟练和省力地完成动作,并能随机应变、灵活自如地运用。随着动作的不断重复和动作细节的不断改进,动作准确、熟练和自动化的程度也不断提高。因此该阶段主要是巩固发展已形成的动力定型,并能在各种变化的条件下运用自如。

运动技能形成的三个阶段是有机联系的,由于学生身体素质、运动基础和环境条件的不同,三个阶段的具体特点和所需时间也有所不同。

(四)青春期的身体素质差异

青春发育期是由儿童过渡到成人的重要阶段,一般指从第二次生长高峰开始到性成熟及体格发育完全的时期。它的特征表现为一系列的身体形态、生理功能、内分泌功能由量到质的突变,以及与之相伴的心理、体力、行为的巨大变化,是人一生中十分重要的时期。在该时期,男、女生之间出现明显的性别差异,在身体素质的自然增长和运动能力的提高上则反映出不同的特点和规律,充分认识和研究青春发育期的重要性和特殊性,用以指导青少年锻炼实践是十分必要的。

男、女生身体素质之间的差异,大约在10岁前并不十分明显,大致在13岁以后,随着年龄的增长,差异则越来越大,约在18岁左右开始稳定。若将男、女生各项身体素质和运动能力在各年龄段上的相差值绘制成随年龄而变化的曲线,可以明显看出,在13岁以后曲线急速上升,至18岁左右开始稳定,这在几次大规模的学生体质调查中得到进一步的印证,且城、乡两个不同群体表现出同一规律。曲线在 13~18 岁间急速上升,相差值随年龄的增长而迅速加大,以致最后形成成年男、女生在身体素质上的差异。另外,女生发育比男生早,女生突增期结束后(约 12 岁左右),男生才开始进入突增阶段,也就是说,女生生长发育的速度开始减慢时,男生的生长发育速度才开始加速。这也是男、女生在此阶段由于性别差异导致身体素质差异迅速加大的一个重要原因。

青春发育期的男、女生在形态结构、生理功能及运动能力的发展和变化上存在明显差异,这一复杂的发育过程主要受内分泌系统,特别是性激素分泌控制、启动的。小学低中年级学生内分泌系统的变化很小,无论男、女生都同样只分泌少量的性激素。青春期开始后,性激素分泌量迅速增加,女生约在 10~11 岁左右,性腺和肾上腺开始大量分泌雌性激素和少量雄性激素,促进性器官的发育并调节生长发育过程;男生的性发育比女生晚 1~2 年,且雄性激素的分泌量明显增加,由于雄性激素对促进蛋白质合成,对骨骼、肌肉发育的促进作用远超雌性激素,因此男生比女生骨质坚硬、肌肉发达,肌肉收缩能力和血液运输氧的能力更强,这就是为什么通常男生运动能力要比女生强的主要原因。

四、信息技术与体育教育的融合

信息技术与体育教育融合是重要的教育发展趋势,通过将信息技术应用于体育教学中,为体育教育带来了诸多创新与变革。

1.融合背景

《国务院关于印发国家教育事业发展"十三五"规划的通知》指出:探索未来教育新模式需要教师利用信息技术提升教学水平、创新教学模式,综合利用互联网、大数据、人工智能和虚拟现实技术,全力推动信息技术与教育教学的深度融合。中共中央国务院印发的《中国教育现代化 2035》中提出从 2020 年到 2035年总体实现教育现代化的目标,要求在现代教育理论的指导下,不断利用先进的信息技术,促进教育领域的创新与改革。教育部在《义务教育体育与健康标准(2022 年版)》中优化了教学课程内容结构,要求基于学生核心素养发展要求,优化内容组织形式,并在改革教学方式方法中提出"运用信息化教育手段和方法"

的教学建议,大力开发与利用现代教育技术,积极利用微课、慕课、翻转课堂等开展教学。现阶段,在体育教育方面,传统体育课教学模式较为单一,与其他学科相比体育教学无法满足培养学生核心素养的要求。体育教学最大的独特性就在于它的实践性大于理论性、示范性大于说教性,由此需要重新思考与定位体育教学的教学方式与手段,促进多元化发展。

一直以来,党和国家非常重视青少年体质健康问题,颁布了诸多政策文件,促进青少年身体素质和健康水平的提升,将"阳光体育运动""全民健身""健康中国"作为国家战略,把青少年列为重点人群,大力推动青少年健康发展。2022年,教育部联合国家体育总局发布了《关于深化体教融合促进青少年健康发展的意见》,正式将青少年体质健康问题纳入国家战略,强调学校、家庭和社会应共同参与、共同落实,从而有效地推动青少年健康发展。随着信息技术的迅猛发展,信息技术已逐渐融合到各个行业,教育领域也不例外。信息技术和体育教育的融合,旨在通过运用现代信息技术手段,优化体育教学方法,丰富体育教学内容,提高体育教学效果,促进学生体质健康水平的全面提升。

2. 融合方式与手段

(1)教学资源数字化

使用数字化技术将体育教材、教学视频、课件等教学资源进行数字化处理,便于学生随时随地获取和学习。

(2)建立互动平台

利用网络平台建立师生、生生之间的互动交流平台,方便学生提问、讨论和分享,提高体育课堂的互动性和参与度。

(3)运用智能化教学设备

利用智能手环、运动传感器等设备实时监测学生的运动数据,为教师提供精准的教学反馈,帮助学生更好地掌握运动技能。

(4)应用虚拟现实(VR)等新技术

利用VR技术模拟真实的运动场景,让学生在虚拟环境中进行体育学习和训练,提高学习的趣味性和实效性。

3.融合成效

(1)提高教学效率

通过数字化资源和互动平台的运用,教师可以更快速地获取和运用教学资源,更精准地掌握学生的学习情况,从而提高教学效率。

(2)丰富教学内容

信息技术为体育教学提供了更多、更丰富的素材和资源,如运动视频、游戏化教学工具等,丰富了教学内容和形式,激发了学生的学习兴趣和动力。

(3)增强学习体验

智能化教学设备和VR等新技术的应用,为学生提供更加真实、直观的动作学习体验,从而帮助学生更好地理解和掌握运动技能。

(4)促进个性化学习

通过网络平台记录和评价学生的体质健康状况和体育成绩,教师可以根据每个学生的实际情况进行个性化的锻炼指导和评价,帮助学生树立自信心,激发体育锻炼兴趣。

信息技术与体育教育的融合是教育现代化的必然趋势,它不仅可以提高体育教学效果,还可以丰富教学内容和形式,增强学生的学习体验。在融合过程中,需要关注技术设备、教师技能和学生使用习惯等方面的问题,并采取有效措施加以解决。

五、大数据理论

当今世界,随着网络化的发展、各种数字技术以及硬件设备的高速普及,大数据时代悄然来临。大数据具有数据量大、多样化、增长和传播迅速、形式多变等特点,在政治、经济、学术研究等方面的价值不容忽视。在此背景下,在学生体质健康管理工作中引入大数据思想,挖掘大数据应用价值,充分利用大数据技术提升学生体质健康管理工作水平,具有重要的理论和实践意义。

（一）大数据概念及发展历程

从文明之初的"结绳记事"，到文字发明后的"文以载道"，再到近现代科学的"数据建模"，数据一直伴随着人类社会的发展变迁，承载了人类基于数据和信息努力认识世界所取得的巨大进步。然而，直到以电子计算机为代表的现代信息技术出现后，数据处理有了自动化、高速化的方法和手段，人类掌握数据、处理数据的能力才实现了质的跃升。信息技术及其在经济社会发展方方面面的应用，推动数据成为继物质、能源之后的又一种重要战略资源。

大数据作为一种概念和思潮最早由计算领域发端，之后逐渐延伸到科学和商业领域。大多数学者认为，大数据这一概念最早公开出现于 1998 年，由美国高性能计算公司 SGI 的首席科学家约翰·马西（John Mashey）在一个国际会议报告中指出，随着数据量的快速增长，必将出现数据难理解、难获取、难处理和难组织四个难题，并用"Big Data（大数据）"来描述这一挑战，在计算领域引发广泛思考。2007 年，数据库领域的先驱人物吉姆·格雷（Jim Gray）指出大数据将成为人类触摸、理解和逼近现实复杂系统的有效途径，并认为在实验观测、理论推导和计算仿真三种科学研究范式后，将迎来第四范式——数据探索，后来同行学者将其总结为"数据密集型科学发现"，开启了从科研视角审视大数据的热潮。2012 年，牛津大学教授维克托·迈尔－舍恩伯格（Viktor Mayer-Schnberger）在其畅销著作《大数据时代：生活、工作与思维的大变革（Big Data：A Revolution That Will Transform How We Live，Work，and Think）》中指出，数据分析将从"随机采样""精确求解"和"强调因果"的传统模式演变为大数据时代的"全体数据""近似求解"和"只看关联不问因果"的新模式，从而引发商业应用领域对大数据方法的广泛思考与探讨。

大数据于 2012、2013 年达到宣传高潮，2014 年后概念体系逐渐成形，对其认知亦趋于理性。信息技术咨询研究与顾问咨询公司 Gartner 给大数据作出了这样的定义：大数据是指需要用高效率和创新型的信息技术加以处理，以提高发现洞察能力、决策能力和优化流程能力的信息资产。麦肯锡全球研究所给出的定义是:一种规模大到在获取、存储、管理、分析方面大大超出了传统数据库软件工具能力范围的数据集合。大数据相关技术、产品、应用和标准不断发展,逐渐形成了包括数据资源与 API、开源平台与工具、数据基础设施、数据分析、数据应用等板块构成的大数据生态系统,并持续发展和不断完善,其发展热点呈现了从技术向应用、再向治理的逐渐迁移。经过多年来的发展和沉淀,人们对大数据已经形成基本共识,即大数据现象源于互联网及其延伸所带来的无处不在的信息技术应用以及信息技术的不断低成本化。大数据泛指无法在可容忍的时间内用传统信息技术和软硬件工具对其进行获取、管理和处理的巨量数据集合,具有海量性、多样性、时效性及可变性等特征,需要可伸缩的计算体系结构以支持其存储、处理和分析。

大数据提供了一种人类认识复杂系统的新思维和新手段,这是其价值本质的主要体现。就理论上而言,在足够小的时间和空间尺度上,通过对现实世界的数字化,可以构造一个现实世界的数字虚拟映像,这个映像承载了现实世界的运行规律。在拥有充足的计算资源和高效的数据分析方法的前提下,对这个数字虚拟映像的深度分析,将有可能理解和发现现实复杂系统的运行行为、状态和规律。应该说大数据为人类提供了全新的思维方式,也提供了探知客观规律、改造自然和社会的新手段,这也是大数据引发经济社会变革最根本性的原因。

(二)大数据的特征

大数据(Big Data)是指传统数据处理软件难以处理的大量、高速、多样的数据集合。它不仅仅是数据量的增加,更是一种技术进步和社会变革的体现。大数据的特性一般用"5V 模型"描述。

1. 体量巨大(Volume)

大数据的体量通常达到 TB、PB 甚至更高级别。随着智能设备、物联网技术的发展,越来越多的终端接入互联网中,数据产生的源头不再只是计算机或手机,智能家居、监控设备、各类传感器等每时每刻都会产生大量数据。

2. 速度快(Velocity)

数据生成和处理的速度非常快,需要实时或近实时的处理能力。根据 IDC 的预测,2025 年全球数据量将达到175ZB(计算机存储容量单位,英文 ZettaByte,简称 ZB,是 EB 的 1024 倍)。在 4 月 26 日举行的 2024 中关村数据安全治理与发展论坛上,新加坡资讯通信媒体发展局局长柳俊泓曾表示,预计全球 2024 将产生 147ZB 的数据,这相当于每个"地球人"捧着大约 150 部手机的数据量。随着数据量的极速增长,对于数据处理效率的要求也越来越高,对于某些应用而言,经常需要在数秒内对海量数据进行计算分析,并给出计算结果,否则处理结果就是过时和无效的。大数据可以通过对海量数据进行实时分析,快速得出结论,从而保证结果的时效性。

3. 多样性(Variety)

大数据的数据类型多样,包括结构化数据、半结构化数据和非结构化数据。数据多样性还体现在数据来源的多样性上,可能来自不同系统、设备、传感器等。例如在学生体质健康信息化服务中,数据可能来自学生的智能手环、运动 App、学校的体育测试、医院的体检报告等。数据多样性为分析和挖掘数据提供了丰富的资源,但同时也带来了挑战。为了有效地处理和分析这些数据,需要使用先进的数据处理和分析技术,如机器学习、深度学习、自然语言处理等。此外,还需要建立完善的数据管理和存储系统,以确保数据的安全性和可靠性,即大数据的多样性对数据的处理能力提出了更高的要求。

4. 真实性(Veracity)

数据的质量和准确性对分析结果的可信度有直接影响,数据真实性是确保数据质量和可靠的关键要素之一。在大数据环境中,确保数据的真实性对于获得准确、可靠的洞察和决策至关重要。通过严格的来源验证、数据采集方法优化、数据清洗和筛选、数据分析和验证、多维度观察和交叉验证等措施,可以有效提高大数据的真实性。同时,建立数据质量监控和评估机制以及确保数据的安全性和隐私保护也是保障数据真实性的重要手段。

5. 价值密度低(Value)

信息海量但是价值密度低,需要通过机器学习算法深度挖掘数据价值,是大数据的典型特征之一。在大数据时代选取数据的理念是选择全体而不是部分样本,处理数据时会将所有数据纳入处理范围。这些海量数据单独拿出来相关性都很低,只有在宏观的角度对所有数据进行分析才能得到有价值的结果。大数据虽然价值密度低,但相对于采样分析,大数据提供的价值则更为全面。

(三)大数据的数据类型

大数据的数据类型主要包括结构化数据、半结构化数据和非结构化数据。

1. 结构化数据

结构化数据是以表格、行和列为组织形式的数据,通常存储在关系型数据库中,具有明确定义的模式和结构,例如数据库中的表格、电子表格中的数据或日志文件中的数据,此类数据易于查询和分析,是传统大数据分析的主要对象。结构化数据具有易于使用、易于存储、简化数据挖掘、提升用户体验的特点。

2. 半结构化数据

半结构化数据是结构化数据的一种形式,它并不符合关系型数据库或其他数据表形式关联起来的数据模型结构,但包含相关标记,用来分隔语义元素以及对记录和字段进行分层,因此,也被称为自描述的结构。半结构化数据的同一类实体可以有不同的属性,属性个数也不一定相同,这些属性可以被组合在一起,但属性的顺序并不重要,常见的半结构化数据有 XML 和 JSON 等。有学者认为半结构化数据是采用树或图的数据结构进行存储的数据,例如在 XML 文件中,名为"root"的标签是文档的根节点,其他标签则是"root"的子节点,通过这样的数据格式,可以自由表达很多有用的信息,例如元数据信息。因此,半结构化数据具有较好的扩展性。

3. 非结构化数据

非结构化数据是定性数据,没有固定的格式,通常以文档、图像、音频或视频的格式存在,即通常以其原生格式进行存储且数据量庞大,小到几个 GB 大到数个 PB,很多数据库和工具并不具备处理非结构化数据的功能,往往需要特定的工具和技术来存储和处理呈指数级增长的非结构化数据,这无疑增加了数据处理的难度,但它通常包含了结构化数据所不能提供的更为丰富和详尽的信息因此伴随着自然语言处理、机器学习、多模态大模型等人工智能技术的发展,非结构化数据的分析、挖掘和应用受到了越来越多关注。

（四）大数据采集与存储

大数据的采集与存储是确保大数据的各生命周期在每个阶段都能得到妥善处理的基础。

1. 大数据采集

大数据采集是指从传感器、智能设备、在线/离线系统、社交网络和互联网平台等多元化数据源中,获取包括 RFID 数据、传感器数据、行为数据、社交网络交互数据以及移动互联网数据等各种类型海量数据的过程。大数据采集具备数据源多样性、数据类型复杂性、数据量大且产生速度快等特点。采集大数据时需要保证数据的可靠性和高效性,避免重复数据,并确保数据的实时性和准确性,同时需要考虑数据的隐私保护和安全性等问题。

大数据采集技术涵盖了数据的来源、采集方式、采集工具以及面临的挑战等多个方面。在实际应用中,需要根据具体的需求和场景选择合适的技术手段,以确保数据采集的准确性和高效性。常用的数据采集方式有数据库采集、网络数据采集、智能感知层采集等,常见的数据采集工具有 Hadoop 的 Chukwa、Cloudera 的 Flume、Facebook 的 Scribe、LinkedIn 的 Kafka 等。

2. 大数据存储

大数据存储与常规数据存储在数据规模和类型、存储架构、性能要求、访问方式等方面存在一定差异。大数据存储是指将大量、复杂、多样的数据持久化到计算机中的过程,在这个过程中不仅要解决海量数据的存储问题,还要确保数据的高可用、高可扩展、高性能、高安全等特性,以及满足成本控制与接口多样化等要求。常见的大数据存储技术有分布式存储、云存储、列式数据库、内存数据库、

NoSQL 数据库等。

（五）大数据安全

大数据的数据安全是一个复杂且关键的领域,它涉及保护存储在大数据平台中的数据免受未经授权的访问、泄露、篡改、损坏或滥用等问题。大数据安全需要综合考虑理论和技术两个层面,在理论层面,要遵循 CIA 三要素和问责制等原则,在技术层面,要采用数据资产梳理、数据库加密、数据库安全运维、数据脱敏、数据库漏扫、传输安全、数据加密、用户访问控制、数据安全审计等技术手段,确保大数据的数据安全。同时,还需要不断关注新的安全威胁和技术发展,及时更新和完善数据安全策略和技术手段。对于学生体质健康数据而言,由于具有一定意义上的生物数据特征,其数据安全的重要性则更为突出。

大数据安全通常包含四大要素,包含 CIA 三要素:保密性(Confidentiality)、完整性(Integrity)和可用性(Availability),加上额外的问责制(Accountability),形成 CIA + A 四要素。

●保密性(Confidentiality):确保数据只能被授权用户访问,防止数据泄露给未授权用户。

●完整性(Integrity):确保数据的准确性和一致性,防止数据被未授权修改或破坏。

●可用性(Availability):确保授权用户能够按需访问数据,不受任何中断或延迟。

●问责制(Accountability):界定并划分数据保护、数据治理相关的角色和职责,确保数据安全和合规性。

大数据安全的首要工作是对敏感数据、数据库等数据资产进行梳理,明确数据的来源、存储位置、使用方式等,为数据安全策略的制定提供依据。常见的数据安全技术主要有:

●数据库加密:对核心数据进行存储加密,防止数据被窃取后被解密。

●数据库安全运维:监控和防范运维人员的不当操作,确保数据在运维过程中的安全性。

- 数据脱敏:对敏感数据进行匿名化处理,减少数据泄露的风险。

- 数据库漏洞:对数据库进行安全脆弱性检测,及时发现并修复潜在的安全漏洞。

- 传输安全:使用虚拟专用网络(VPN)和SSL VPN等技术,在数据传输过程中建立安全的数据通道,防止数据在传输过程中被窃取或篡改。

- 数据加密:采用对称或非对称加密算法在数据挖掘过程中隐藏敏感数据,确保数据在处理和分析过程中的安全性。

- 用户访问控制:基于角色的访问控制(RBAC)可以确保只有经过授权的用户才能访问特定的数据资源。

- 数据安全审计:对大数据平台组件的行为进行审计,记录用户的操作行为,以便在发生安全问题时进行溯源和追责。

六、数据治理

数据治理是指在组织内部对数据的可用性、完整性、安全性和质量进行管理和控制的一系列政策、流程、标准和指标。数据治理的目的是确保数据在整个生命周期中,从创建、存储、使用、共享到归档和销毁,都能得到有效和合规的管理,确保数据质量、数据价值、数据管理、数据安全和合规性的要求。数据治理是一个涉及数据质量、元数据管理、数据安全与隐私保护等多方面的复杂体系,旨在确保数据在整个生命周期中的可控性和可用性。数据治理对于维护数据的质量、确保数据的安全可靠以及提高数据的使用效率至关重要。

在数据治理工作中需要面对多种挑战:数据规模和复杂性不断增加,对数据治理技术提出了更高的要求;需要确保数据的安全性和隐私保护,防止数据泄露和滥用;需要确保数据的准确性和可靠性,为业务决策提供有效支持等。

1. 数据治理体系

数据治理体系包括组织、制度、流程和技术四个层次。

- 组织层:包括数据治理的支持、定义和决策等机构,如数据治理委员会、数据治理业务组、数据治理技术组等。

• 制度层:涉及适用的标准、政策以及规章制度等,确保数据治理工作有章可循。

• 流程层:包括数据采集、存储、处理、传输和应用等所有数据流程,确保数据在整个生命周期内得到妥善管理。

• 技术层:涵盖数据架构、数据模型和数据安全等所有技术领域的技术,为数据治理提供技术支持。

2. 数据治理目标

• 提升数据质量:通过制定和执行数据质量标准,确保数据的准确性、完整性、一致性和及时性。

• 优化决策过程:提供高质量的数据,支持业务决策,确保决策基于可靠的信息。

• 降低安全风险:通过数据治理,可以识别和管理与数据相关的风险,如数据泄露、数据丢失、数据滥用等。

• 遵守法规和标准:确保组织的数据管理和使用符合相关法律、法规和行业标准,实现数据资产价值最大化,增加数据使用效率和价值。

3. 数据治理技术

(1)数据治理的核心技术主要包括:

• 数据梳理与建模:对数据进行梳理和建模,确保数据的一致性和可理解性。

• 元数据管理:管理数据的元数据,包括数据的定义、来源、质量、使用等信息。

• 数据标准管理:制定和执行数据标准,确保数据的准确性和一致性。

• 主数据管理:确保主数据的准确性和完整性,为主数据提供唯一、准确和一致的视图。

• 数据质量管理:通过数据质量评估、数据清洗等手段提高数据质量。

●数据安全治理:通过数据加密、数据脱敏、访问控制等技术手段确保数据的安全性。

●数据集成与共享:实现不同系统、不同格式数据的集成和共享,提高数据的使用效率。

(2)数据治理的实施方法主要包括:

●数据分类:根据数据的不同目的、需求划分数据种类,便于后续的数据管理和使用。

●数据清洗:移除冗余数据、重复数据、错误数据和无效数据,提高数据质量。

●数据分析:通过数据分析发现数据中的潜在价值,为业务决策提供支持。

●数据集中管理:对所有数据进行归纳和管理,包括建立数据仓库、元数据定义和维护等。

七、大数据在学生体质健康服务中的价值

大数据理论和技术为学生体质健康信息化公共服务体系的构建提供了坚实的理论基础和实践指导,主要体现在以下几方面:

1. 数据收集与整合

学校可以通过各种渠道收集学生的体质健康数据,如体育测试、学生体育设施使用频次、体育课教学情况等。利用大数据的收集功能,可以精准掌握学生每学年的测试数据,如跳远、跑步、坐位体前屈、肺活量、引体向上、仰卧起坐等项目成绩。此外,通过运动手环、手机 App 等多元化智能终端与应用系统,可以监测学生在运动过程中的心率、血压等数据,并将这些健康相关数据补充到学生体质健康监测数据之中。

2. 数据分析与监测

大数据技术能够实现对学生体质健康数据的深度分析,通过搭建体质健康监测数据平台,有效整合数据分析、健康指导、健康干预等功能。学校可以利用大数据技术分析学生的体质健康趋势,找出可能存在的问题,并据此制定针对性

的健康教育策略。

3. 个性化健康指导

基于大数据的分析结果,教师可以为学生提供个性化的健康指导。例如,针对某个学生体质较弱的方面,推荐特定的锻炼方式和营养建议。通过智能系统,可以定期向学生推送健康提醒和建议,帮助学生更好地管理自己的健康。

4. 智能化评估与反馈

利用大数据技术学校可以对学生的体质健康水平进行智能化评估,并给出及时反馈。学生可以通过手机或电脑随时查看自己的体质健康数据和分析报告,了解自己的健康状况。

5. 提升服务效率与质量

大数据的应用可以显著提升学生体质健康信息化公共服务体系的效率和质量。通过自动化和智能化的数据处理与分析,可以有效减少人工操作的时间和成本,提高服务效率。同时,基于大数据的精准分析和个性化指导,可以为学生提供更加贴合需求的健康服务,提升服务质量。

6. 确保数据安全与隐私

在收集和使用学生体质健康数据时,必须严格遵守相关法律法规和隐私保护政策。学校应采取必要的技术和管理措施,确保数据的安全性和隐私性,防止数据泄露和滥用。

综上,大数据在学生体质健康信息化公共服务体系中的应用具有广泛而深远的意义。通过收集、分析、整合和应用大数据,可以为学生提供更加精准、个性化、高效的健康服务,促进学生的健康成长和发展。

第四章　学生体质健康评价体系的重构

一、学生体质健康测试指标原始结构

教育部和国家体育总局于 2002 年首次颁布了《学生体质健康标准(试行方案)》,标志着我国开始试行对学生体质健康的常规性测试与评价,教育部和国家体育总局于 2007 年正式颁布了《国家学生体质健康标准》。经过多年的实践和经验总结,针对《国家学生体质健康标准》在实行过程中存在的主要问题、新时期儿童青少年的身体发展规律以及学校体育工作的现状,通过对大量学生体质健康测试数据的统计与分析,结合学校、专家学者和一线教师的建议,教育部和国家体育总局对学生体质健康测试的原则和内容进行了调整与修订,于 2014 年颁布了《国家学生体质健康标准(2014 年修订)》(后续简称《标准》),并沿用至今。2014 版《标准》中规定的各年级学生体质健康测试指标结构如表 4 - 1、4 - 2、4 - 3、4 - 4 所列。其中,测试指标序号用变量 i 表示,其权重用数组变量 PW(i) 表示。

表 4 - 1　小学 1、2 年级测试指标

序号(i)	测试指标	权重 PW(i)	单位	小数位数
1	BMI 指数	0.15	千克/米^2	1
2	肺活量	0.15	毫升	0
3	50 米跑	0.2	秒	1

续表

序号(i)	测试指标	权重 PW(i)	单位	小数位数
4	坐位体前屈	0.3	厘米	1
5	1 分钟跳绳	0.2	次	0

表 4－2　小学 3、4 年级测试指标

序号(i)	测试指标	权重 PW(i)	单位	小数位数
1	BMI 指数	0.15	千克/米^2	1
2	肺活量	0.15	毫升	0
3	50 米跑	0.2	秒	1
4	坐位体前屈	0.2	厘米	1
5	1 分钟跳绳	0.2	次	0
6	1 分钟仰卧起坐	0.1	次	0

表 4－3　小学 5、6 年级测试指标

序号(i)	测试指标	权重 PW(i)	单位	小数位数
1	BMI 指数	0.15	千克/米^2	1
2	肺活量	0.15	毫升	0
3	50 米跑	0.2	秒	1
4	坐位体前屈	0.1	厘米	1
5	1 分钟跳绳	0.1	次	0
6	1 分钟仰卧起坐	0.2	次	0
7	50 米×8 往返跑	0.1	分·秒	0

表 4－4　初中、高中、大学各年级测试指标

序号(i)	测试指标	权重 PW(i)	单位	小数位数
1	BMI 指数	0.15	千克/米^2	1

序号(i)	测试指标	权重 PW(i)	单位	小数位数
2	肺活量	0.15	毫升	0
3	50 米跑	0.2	秒	1
4	坐位体前屈	0.1	厘米	1
5	立定跳远	0.1	厘米	0
6	引体向上(男)/ 1 分钟仰卧起坐(女)	0.1	次	0
7	1000 米跑(男)/800 米跑(女)	0.2	分·秒	0

二、学生体质健康评价体系结构

对学生开展多维度体质健康评价是本研究的基础,也是诊断体系研究的基础与数据支撑。本研究将基于《标准》的测试指标,构建学生体质健康评价体系。从评价方式和评价对象两个维度构建的学生体质健康评价体系如表4－5所列。

表4－5　学生体质健康评价体系结构

评价方式	评价对象	
	个体评价	群体评价
评分评价	单项指标得分 PScore(i)	男生单项指标平均分 ClassMPScore(i)
		女生单项指标平均分 ClassFPScore(i)
	综合指标得分 CPScore	男生综合指标平均分 ClassMCPScore
		女生综合指标平均分 ClassFCPScore
等级评价	单项指标等级 PGrade(i)	男生单项指标等级 ClassMPGrade(i)
		女生单项指标等级 ClassFPGrade(i)
	综合指标等级 CPGrade	男生综合指标等级 ClassMCPGrade
		女生综合指标等级 ClassFCPGrade

(一)评价方式

评价方式是指按照固定标准对学生测试指标成绩进行的标准化评定。本研究将评价方式分为评分评价和等级评价两类:

1. 评分评价是对测试指标成绩的定量评价,其结果为数值型的得分,可通过《标准》评分表直接查表获得或通过权重计算、均值计算等方式获得,用于精确化、量化、细化地反映学生体质健康水平。

2. 等级评价是基于评分评价结果进行的二次定性评价,其结果为文字描述型的等级,通过对评分评价结果进行转换而获得,用于精简评分评价结果,直观化、简便化地反映学生体质健康水平。

(二)评价对象

评价对象是指评价的主体和范畴。本研究将评价对象分为个体评价和群体评价两类:

1. 个体评价是针对学生个人进行的评价,其结果反映了学生个体的体质健康水平,是对学生进行个体体质健康诊断和生成运动处方的主要依据来源,满足学生自主开展针对性的体育锻炼和教师开展个性化体育教学的需求。

2. 群体评价是指以行政班级(或某一群体)为单位按性别分组后进行的评价,其结果反映了班级(或群体)整体的体质健康水平,是对班级(或群体)整体进行体质健康诊断和生成运动处方的主要依据来源,满足教师对整个班级(或群体)开展体育教学设计和教学任务规划的需求。

三、评分评价计算方法

个体评分评价中,单项指标得分用数组变量 PScore(i) 表示,i 为测试指标序号;综合指标得分用变量 CPScore 表示。群体评分评价中,男生单项指标平均分用数组变量 ClassMPScore(i) 表示,i 为测试指标序号,女生单项指标平均分用数组变量 ClassFPScore(i) 表示,i 为测试指标序号;男生综合指标平均分用变量 ClassMPScore 表示,女生综合指标平均分用变量 ClassFPScore 表示。

评分评价结果采用百分制数值形式。班级评分评价在个体评分评价的基础上主要采用平均值方法进行计算。

《标准》评分表给出的 BMI 指标得分为 100 分、80 分和 60 分三种结果,属于区间型判别结果,其中 80 分对应低体重和超重两个不同的评价等级,导致从 BMI 指标的得分上无法区分学生属于低体重还是超重。因此,本研究将 BMI 指标的评分方式进行了改造,引入 -80 得分值,用于区分低体重和超重,改造后的 BMI 指标得分方式如表 4-6 所列,原评分表各年级得分判别区间不变。在计算个人评价——综合指标得分时使用 BMI 指标得分的绝对值进行计算;由于 BMI 指标得分的区间性质,计算班级评价——男/女生 BMI 指标平均分的方法也区别于其他指标平均分计算方法。

表 4-6　BMI 指数评分方式对比

《标准》评分方式		本研究评分方式	
等级	单项得分	等级	单项得分
正常	100	正常	100
低体重	80	低体重	-80
超重		超重	80
肥胖	60	肥胖	60

1. 个体评价——单项指标得分

某学生各个单项指标得分是个集合,使用一维数组变量 PScore(i) 表示,i 为测试指标序号,依据《标准》评分表使用查表法可以直接得到该学生各个单项指标的得分。

2. 个体评价——综合指标得分

某学生综合指标得分使用变量 CPScore 表示,测试指标权重使用一维变量 PW(i) 表示,i 为测试指标序号,该学生综合指标得分的计算公式为:

$$CPScore = \sum_{i=1}^{m}(|PScore(i)| \times PW(i))$$式中,m 为测试指标数量

3. 群体评价——男生单项指标平均分

某班级男生单项指标得分是个集合,使用一维数组变量 ClassMPScore(i)表示,i 为测试指标序号,所有男生的单项指标得分使用二维数组变量 MPS(i)(n)表示,i 为测试指标序号,n 为男生序号,那么该班级男生第 i 项单项指标得分的计算公式为:

$$ClassMPScore(i) = \frac{CPScore = \sum_{n=1}^{p}(MPS(i)(n))}{p}$$

式中,p 为班级男生总数,i 为测试指标序号。

计算班级男生 BMI 指标平均分不使用以上公式计算,其方法为使用 BMI 指标原始成绩计算平均值,然后按照改造后的《标准》评分表使用查表法获得平均值所对应的得分,即为该班级男生 BMI 指标平均分。

4. 群体评价——女生单项指标平均分

某班级女生单项指标得分是个集合,使用一维数组变量 ClassFPScore(i)表示,i 为测试指标序号,所有女生的单项指标得分使用二维数组变量 FPS(i)(n)表示,i 为测试指标序号,n 为女生序号,那么该班级女生第 i 项单项指标得分的计算公式为:

$$ClassFPScore(i) = \frac{CPScore = \sum_{n=1}^{q}(FPS(i)(n))}{q}$$

式中,q 为班级女生总数,i 为测试指标序号。

计算班级女生 BMI 指标平均分不使用以上公式计算,其方法同计算班级男生 BMI 指标平均分的方法。

5. 群体评价——男生综合指标平均分

某班级男生综合指标得分使用变量 ClassMCPScore 表示,所有男生的个人综合指标得分使用一维数组 MCPS(n)表示,n 为男生序号,那么该班级男生综合指标得分的计算公式为:

$$ClassMCPScore = \frac{CPScore = \sum_{n=1}^{p}(MCPS(n))}{p}$$

式中,p 为班级男生总数。

6.群体评价——女生综合指标平均分

某班级女生综合指标得分使用变量 ClassFCPScore 表示,所有女生的个人综合指标得分使用一维数组 FCPS(n)表示,n 为女生序号,那么该班级女生综合指标得分的计算公式为:

$$ClassFCPScore = \frac{CPScore = \sum_{n=1}^{q}(FCPS(n))}{q}$$

式中,q 为班级女生总数。

四、等级评价计算方法

个体等级评价中,单项指标等级用数组变量 PGrade(i)表示,i 为测试指标序号;综合指标等级用变量 CPGrade 表示。群体等级评价中,男生单项指标等级用数组变量 ClassMPGrade(i)表示,i 为测试指标序号,女生单项指标等级用数组变量 ClassFPGrade(i)表示,i 为测试指标序号;男生综合指标等级用变量 ClassMPGrade 表示,女生综合指标等级用变量 ClassFPGrade 表示。

等级评价结果采用等级形式。等级评价将各类评分评价结果转换为相应等级。

(一)综合指标和单项指标等级转换

除了 BMI 指标外,综合指标和其他单项指标均采用相同的评价等级,分为"优秀"、"良好"、"及格"和"不及格",根据评分评价得到的各种指标得分,按照以下公式可转换为对应的等级。

$$G = \begin{cases} \text{"优秀"}, 90 \leqslant x \\ \text{"良好"}, 80 \leqslant x < 90 \\ \text{"及格"}, 60 \leqslant x < 80 \\ \text{"不及格"}, x < 60 \end{cases}$$
式中,x 为指标得分,G 为对应的等级。

(二)BMI 指标等级转换

BMI 指标的评价等级分为"正常""低体重""超重"和"肥胖"四个等级,根据评分评价得到的 BMI 指标得分,按照以下公式转换为对应的等级。

$$G = \begin{cases} \text{"正常"}, x = 100 \\ \text{"低体重"}, x = -80 \\ \text{"超重"}, x = 80 \\ \text{"肥胖"}, x = 60 \end{cases}$$
式中,x 为 BMI 指标得分,G 为对应的等级。

第五章　学生体质健康诊断模型及算法的构建

一、学生体质健康评价体系的不足

现行的 2014 年修订版《标准》评价模型一级指标为：身体形态（权重 15%）、身体机能（权重 15%）和身体素质（权重 70%）。身体形态二级指标为体重指数（BMI 指数）；身体机能二级指标为肺活量；身体素质二级指标按照年级组设置了不同测试指标，并规定了相应指标权重。

（一）评价结果的应用问题

全面、直观的评价和反映出学生力量、速度、耐力、灵敏及柔韧性五方面内在发展水平，全面提高学生综合身体素质是《标准》实施的要义所在。各学校在使用《标准》进行学生体质健康评价时，往往以规定测试指标成绩和等级作为身体素质的直接评价结果进行反馈，并将成绩记入学生学籍档案。此方法在学校体育管理方面虽然具有一定的便捷性，但在指导学生体育锻炼和服务体育教师教学方面无疑具有明显局限性，其评价结果使学生和教师更加关注于体测成绩高低，而忽略了成绩高低的本质原因，偏离了《标准》所预期的综合效益和指导作用。对学生来说，由于体育知识匮乏、对评价结果难以深入理解，为了提高成绩只能"考什么练什么"，形成测试指标"指挥棒"效应，强化了"应试教育"思想，弱化了《标准》的科学健身指导作用。对教师来说，开展个性化的分层次教学或运动处方教学,必须以学生的身体素质实际水平作为教学设计依据,这就需要教师对测试成绩进行二次加工分析,从而带来教学难度和教学工作量的大幅增加,使体育教学质量难以得到有效提高。此外,由于各年级采用的测试指标不同,从学生全生命周期健康管理的角度上看,产生了身体素质评价指标不一致问题,不利于形成学生体质健康闭环管理模式。

(二)评价指标的设定问题

为评价学生身体素质,《标准》共选用了 8 种不同的身体素质测试指标,每项指标的测试用途如表 5 - 1 所列。

表 5 - 1 《标准》中身体素质二级测试指标的主要用途

序号	测试指标	主要用途
1	50 米跑	测试学生速度、灵敏及神经系统灵活性的发展水平
2	坐位体前屈	测试学生柔韧性的发展水平
3	1 分钟跳绳	测试学生下肢力量、协调能力和灵敏性的发展水平
4	1 分钟仰卧起坐	测试学生腹肌力量和肌肉耐力的发展水平
5	50 米 ×8 往返跑	测试学生速度、灵敏性及耐力的发展水平
6	立定跳远	测试学生下肢爆发力和协调能力的发展水平
7	引体向上	测试学生上肢肌肉力量和力量耐力的发展水平
8	1000 米/800 米跑	测试学生耐力和心肺功能发展水平

身体素质是学生在体育运动中表现出的一种综合能力,每项身体素质都不能脱离其他素质而单独存在,因此测试指标与其反映出的身体素质之间属于"一对多"的映射关系,并同时存在主次和程度之分。例如,50 米跑以反映速度素质为主,反映灵敏素质次之,力量、柔韧和耐力素质对 50 米跑成绩具有一定程度的影响作用。但在实际应用中,往往仅采用测试指标所反映的主要身体素质对学生进行评价,即采用"一对一"映射关系进行评价分析,如表 5 - 2 所列。这种方法在纵向上忽略了测试指标所反映出的其他身体素质,缺乏指标运用的完

整性和评价深度,在横向上忽略了测试指标之间的相互联系,缺乏指标运用的综合性和评价广度。

表5-2 身体素质评价常用的"一对一"映射关系

测试指标	评价指标	映射素质
BMI 指数	身体形态	体型
肺活量	身体机能	心肺功能
50 米跑	身体素质	速度素质
坐位体前屈	身体素质	柔韧素质
1 分钟跳绳	身体素质	灵敏素质
1 分钟仰卧起坐	身体素质	力量素质
50 米×8 往返跑	身体素质	耐力素质
立定跳远	身体素质	力量素质
引体向上	身体素质	力量素质
1000 米/800 米跑	身体素质	耐力素质

此外,由于各年级组采用的测试指标不同,"一对一"映射方式同时也导致了身体素质评价结果的缺失或重复,如表5-3所列。例如,小学1~2年级组缺失耐力和力量素质评价结果,小学3~4年级组缺失耐力素质评价结果,初中高中大学年级组缺失灵敏素质评价结果。

表5-3 "一对一"映射关系下的身体素质评价结果

年级	能反映的评价结果	缺失的评价结果
小学1-2年级	速度、柔韧、灵敏	耐力和力量
小学3-4年级	速度、柔韧、灵敏、力量	耐力
小学5-6年级	速度、柔韧、灵敏、力量、耐力	无
初中、高中、大学	速度、柔韧、力量、力量、耐力	灵敏

"一对一"映射关系以测试指标所反映的主要身体素质为依据,虽然能够简化评价方法和流程,但无法对学生的身体素质进行全面评价,并且在初中、高中和大学阶段的评价中出现力量素质的重复评价问题。

二、从评价指标到诊断指标的转型

身体素质是学生在体育运动中所表现出的力量、速度、耐力、柔韧和灵敏等综合能力,每种素质都不是单独存在的,每项测试指标的结果应是五种身体素质的综合体现。因此,应该从《标准》的测试指标与身体素质的"一对多"关系入手,建立学生体质健康诊断模型。

学生体质健康诊断是指依据《标准》测试指标原始评价结果,针对身体素质利用诊断模型进行综合计算,分析得出统一标准的诊断结果。对身体素质的诊断,不能直接使用测试指标成绩作为诊断结果,并且对某一身体素质的诊断,既要考虑某一测试指标所反映出的该项素质能力,又要综合考虑其他测试指标所反映出的该项素质能力。为丰富和扩展《标准》的指导服务功能,统一诊断结果,实现"一对多"的身体素质映射关系,本研究在《标准》评价体系的基础上对身体素质指标进行了改进,构建出的学生体质健康诊断指标体系如表5-4所列。其中一级指标的权重与《标准》保持一致,分别为0.15、0.15和0.7。

表5-4 学生体质健康诊断指标

一级指标	权重	二级指标	指标含义
身体形态	0.15	BMI指数	评价学生的体型匀称度,间接反映学生的营养状况
身体机能	0.15	肺活量	评价学生的肺通气功能,间接反映学生的生长发育水平

一级指标	权重	二级指标	指标含义
身体素质	0.7	力量	评价机体或机体部分肌肉工作时克服内外阻力的能力
		速度	评价机体或机体某部位快速运动的能力
		耐力	评价机体长时间进行肌肉活动并对抗疲劳的能力
		柔韧	评价机体完成动作时,关节、肌肉、肌腱和韧带的伸展能力
		灵敏	评价机体在各种突然变换的条件下,快速、协调、敏捷、准确地完成动作的能力

鉴于《标准》中的 BMI 指数和肺活量对于诊断学生的身体形态和身体机能具有典型的代表性和明确的指标价值,本研究直接将其分别作为身体形态和身体机能的二级诊断指标。对于身体素质诊断,则将力量、速度、耐力、柔韧和灵敏作为统一的二级诊断指标,目的在于使诊断结果能够更直观反映出学生在某方面素质上存在的差距和不足,以便于更加有效地指导学生进行有针对性的、全面性的体育锻炼,充分发挥诊断结果对促进学生体质健康发展的实用性和指导价值。

三、学生体质健康诊断模型的构建

本研究选取了 10 位具有高级职称、长期从事体育教育工作的一线教师和专家进行咨询,综合 10 位专家的意见使用 AHP 法确定身体素质 5 个二级指标权重。

（一）建立身体素质二级指标层次分析模型

身体素质层次分析模型由目标层和决策层组成,如图 5 - 1 所示。其中,目标层为学生的身体素质(P);决策层由力量、速度、耐力、柔韧和灵敏 5 个指标组成。

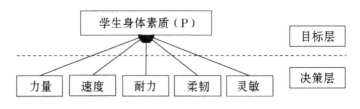

图 5-1　身体素质层次分析模型

小学阶段学生正处于身体素质的自然增长期,之后逐渐进入稳定阶段。为适应评价对象的生长发育规律,结合《标准》对各年级学生的分组原则,将学生身体素质评价总目标(P)按照年级进行分组决策,形成分组目标:小学 1～2 年级学生身体素质(P1)、小学 3～4 年级学生身体素质(P2)、小学 5～6 年级学生身体素质(P3)和初中高中大学学生身体素质(P4)。

(二)构建判断矩阵,并检验一致性

对每个分组目标使用 9 级标度法对 5 个决策指标进行两两比较,综合专家意见构建出各分组目标的判断矩阵,根据矩阵阶数设定随机一致性指标均值 RI = 1.12,使用 MATLAB 软件编程求解每组判断矩阵的最大特征根(λ_{max})和一致性比率(CR),计算结果如下:

$$P1 = \begin{Bmatrix} 1 & 1/4 & 3 & 1/6 & 1/6 \\ 4 & 1 & 6 & 1/2 & 2 \\ 1/3 & 1/6 & 1 & 1/6 & 1/6 \\ 6 & 2 & 6 & 1 & 4 \\ 6 & 1/2 & 6 & 1/4 & 1 \end{Bmatrix} \quad \lambda_{max} = 5.3706, CI = 0.0926, CR = 0.0827$$

$$P2 = \begin{Bmatrix} 1 & 1/2 & 3 & 1/2 & 1/4 \\ 2 & 1 & 6 & 2 & 1 \\ 1/3 & 1/6 & 1 & 1/7 & 1/4 \\ 2 & 1/2 & 7 & 1 & 2 \\ 4 & 1 & 4 & 1/2 & 1 \end{Bmatrix} \quad \lambda_{max} = 5.2844, CI = 0.0711, CR = 0.0635$$

$$P3 = \begin{cases} 1 & 1 & 3 & 1 & 2 \\ 1 & 1 & 2 & 2 & 2 \\ 1/3 & 1/2 & 1 & 1 & 1 \\ 1 & 1/2 & 1 & 1 & 1 \\ 1/2 & 1/2 & 1 & 1 & 1 \end{cases} \quad \lambda_{max} = 5.1013, CI = 0.0253, CR = 0.0226$$

$$P4 = \begin{cases} 1 & 1/3 & 1/3 & 1 & 2 \\ 3 & 1 & 1/2 & 2 & 2 \\ 3 & 2 & 1 & 1 & 1 \\ 1 & 1/2 & 1 & 1 & 1 \\ 1/2 & 1/2 & 1 & 1 & 1 \end{cases} \quad \lambda_{max} = 5.4372, CI = 0.1093, CR = 0.0976$$

计算结果表明,各分组的判断矩阵均符合一致性检验条件,即 CR < 0.1。因此,由各组判断矩阵求解得到的权重向量有效。计算得到的各组判断矩阵权重向量如表 5-5 所列。其中,身体素质二级指标的权重用数组变量 ZW(j) 表示,j 为身体素质二级指标的序号。

表 5-5 身体素质二级诊断指标权重

年级分组	权重 ZW(j)				
	力量 ZW(1)	速度 ZW(2)	耐力 ZW(3)	柔韧 ZW(4)	灵敏 ZW(5)
小学 1~2 年级	0.0651	0.2668	0.0387	0.4385	0.1909
小学 3~4 年级	0.1172	0.3094	0.0472	0.2778	0.2484
小学 5~6 年级	0.2713	0.2874	0.1325	0.1651	0.1437
初中高中大学	0.1415	0.2736	0.2736	0.1664	0.1449

(三) 学生体质健康诊断模型完整结构

按照组合权重为一级指标权重与二级指标权重乘积的方法,计算得到二级指标的组合权重,从而得到学生体质健康诊断模型的完整结构如表 5-6 所列。

表 5 - 6　学生体质健康诊断模型

一级指标	权重	评价对象	二级指标	权重	组合权重
身体形态	0.15	各年级	BMI 指数	1	0.15
身体机能	0.15	各年级	肺活量	1	0.15
身体素质	0.70	小学 1~2 年级	力量	0.0651	0.04557
			速度	0.2668	0.18676
			耐力	0.0387	0.02709
			柔韧	0.4385	0.30695
			灵敏	0.1909	0.13363
		小学 3~4 年级	力量	0.1172	0.08204
			速度	0.3094	0.21658
			耐力	0.0472	0.03304
			柔韧	0.2778	0.19446
			灵敏	0.2484	0.17388
		小学 5~6 年级	力量	0.2713	0.18991
			速度	0.2874	0.20118
			耐力	0.1325	0.09275
			柔韧	0.1651	0.11557
			灵敏	0.1437	0.10059
		初中 高中 大学	力量	0.1415	0.09905
			速度	0.2736	0.19152
			耐力	0.2736	0.19152
			柔韧	0.1664	0.11648
			灵敏	0.1449	0.10143

四、身体素质诊断指标得分的转换模型

　　诊断指标中的 BMI 指数和肺活量与相应的测试指标可以形成"一对一"的对应关系,而其他八项身体素质类测试指标与五项身体素质诊断指标之间,如何

建立对应关系、如何获得学生的身体素质诊断得分则成为本研究的重点,也是诊断模型得以实践应用的关键所在。只有建立身体素质诊断指标与《标准》测试指标的对应关系,后续才能以评价结果为基础,继而通过评价结果分析得出诊断结果。

在测试指标中,BMI 指数为身体形态测试指标,其评价结果可以直接用于诊断身体形态;肺活量为身体机能测试指标,其评价结果可以直接用于诊断身体机能;其他八项指标为身体素质类测试指标,用于从不同层面和角度诊断学生的身体素质。为了体现测试指标与身体素质之间的"一对多"映射关系,完整、综合地利用和分析测试指标成绩,本研究使用 AHP 法构建层次分析模型,并对判断矩阵进行求解和一致性验证,确定五项身体素质在各项测试指标中的权重,然后经过计算将测试指标成绩转换为身体素质指标得分。

(一)建立测试指标层次分析模型

层次分析模型的目标层为测试指标(D),8 个子目标依次为:50 米跑(D1)、坐位体前屈(D2)、1 分钟跳绳(D3)、1 分钟仰卧起坐(D4)、50 米×8 往返跑(D5)、立定跳远(D6)、引体向上(D7)和 1000 米/800 米跑(D8);决策层由力量、速度、耐力、柔韧和灵敏 5 项身体素质组成。

(二)构建判断矩阵,并检验一致性

针对每个子目标,使用九级标度法对决策要素进行两两比较,综合上述 10 位专家的讨论结果建立子目标判断矩阵,随机一致性指标均值 RI = 1.12,计算得到的判断矩阵最大特征根(λ_{max})和一致性比率(CR)结果如下:

$$D1 = \begin{Bmatrix} 1 & 1/5 & 6 & 5 & 4 \\ 5 & 1 & 8 & 7 & 6 \\ 1/6 & 1/8 & 1 & 1/2 & 1/4 \\ 1/5 & 1/7 & 2 & 1 & 1/3 \\ 1/4 & 1/6 & 4 & 3 & 1 \end{Bmatrix} \quad \lambda_{max} = 5.3867, CI = 0.0967, CR = 0.0863$$

$$D2 = \begin{Bmatrix} 1 & 5 & 7 & 1/6 & 4 \\ 1/5 & 1 & 1/2 & 1/8 & 1/2 \\ 1/7 & 2 & 1 & 1/9 & 1/3 \\ 6 & 8 & 9 & 1 & 8 \\ 1/4 & 2 & 3 & 1/8 & 1 \end{Bmatrix} \quad \lambda_{max} = 5.4211, CI = 0.1053, CR = 0.0940$$

$$D3 = \begin{Bmatrix} 1 & 1/4 & 1/3 & 5 & 1/7 \\ 4 & 1 & 2 & 6 & 1/4 \\ 3 & 1/2 & 1 & 5 & 1/5 \\ 1/5 & 1/6 & 1/5 & 1 & 1/8 \\ 7 & 4 & 5 & 8 & 1 \end{Bmatrix} \quad \lambda_{max} = 5.3827, CI = 0.0957, CR = 0.0854$$

$$D4 = \begin{Bmatrix} 1 & 3 & 3 & 5 & 5 \\ 1/3 & 1 & 1 & 4 & 4 \\ 1/3 & 1 & 1 & 3 & 3 \\ 1/5 & 1/4 & 1/3 & 1 & 2 \\ 1/5 & 1/4 & 1/3 & 1/2 & 1 \end{Bmatrix} \quad \lambda_{max} = 5.1550, CI = 0.0387, CR = 0.0346$$

$$D5 = \begin{Bmatrix} 1 & 1/3 & 1/4 & 3 & 1 \\ 3 & 1 & 1/3 & 5 & 2 \\ 4 & 3 & 1 & 5 & 4 \\ 1/3 & 1/5 & 1/5 & 1 & 1/3 \\ 1 & 1/2 & 1/4 & 3 & 1 \end{Bmatrix} \quad \lambda_{max} = 5.1672, CI = 0.0418, CR = 0.0373$$

$$D6 = \begin{Bmatrix} 1 & 4 & 8 & 6 & 5 \\ 1/4 & 1 & 5 & 3 & 3 \\ 1/8 & 1/5 & 1 & 1/5 & 1/4 \\ 1/6 & 1/3 & 5 & 1 & 1/2 \\ 1/5 & 1/3 & 4 & 2 & 1 \end{Bmatrix} \quad \lambda_{max} = 5.3377, CI = 0.0844, CR = 0.0754$$

$$D7 = \begin{cases} 1 & 6 & 6 & 8 & 7 \\ 1/6 & 1 & 1/2 & 1/2 & 1 \\ 1/6 & 2 & 1 & 1/3 & 2 \\ 1/8 & 2 & 3 & 1 & 2 \\ 1/7 & 1 & 1/2 & 1/2 & 1 \end{cases} \quad \lambda_{max} = 5.2791, CI = 0.0698, CR = 0.0623$$

$$D8 = \begin{cases} 1 & 1/3 & 1/6 & 5 & 2 \\ 3 & 1 & 1/5 & 6 & 5 \\ 6 & 5 & 1 & 8 & 8 \\ 1/5 & 1/6 & 1/8 & 1 & 1 \\ 1/2 & 1/5 & 1/8 & 1 & 1 \end{cases} \quad \lambda_{max} = 5.3099, CI = 0.0775, CR = 0.0692$$

计算结果表明,各判断矩阵均符合一致性检验条件,即 $CR < 0.1$,由判断矩阵求解得到的权重向量有效。计算得到的各子目标判断矩阵权重向量如表5－7所列,从而得到身体素质诊断指标得分的转换模型。其中,各项身体素质转换权重用二维数组变量CZW(j)(i)表示,j身体素质指标序号,i为测试指标序号。

表5－7 身体素质诊断指标在测试指标中的权重

序号 (i)	测试指标	转换权重 CZW(j)(i)				
		力量 CZW(1)(i)	速度 CZW(2)(i)	耐力 CZW(3)(i)	柔韧 CZW(4)(i)	灵敏 CZW(5)(i)
1	50 米跑	0.2380	0.5568	0.0383	0.0571	0.1098
2	坐位体前屈	0.2219	0.0428	0.0476	0.6031	0.0846
3	1 分钟跳绳	0.0747	0.2160	0.1425	0.0318	0.5350
4	1 分钟仰卧起坐	0.4553	0.2154	0.1920	0.0781	0.0592
5	50 米×8 往返跑	0.1167	0.2440	0.4607	0.0521	0.1265
6	立定跳远	0.5344	0.2196	0.0355	0.0912	0.1193
7	引体向上	0.6150	0.0711	0.0994	0.1456	0.0689
8	1000 米/800 米跑	0.1117	0.2240	0.5700	0.0420	0.0523

五、身体素质诊断指标得分的转换算法

依据表 5 – 7 确定的身体素质在测试指标中的转换权重,可以从学生的多个测试指标成绩中提取身体素质得分并累加求和,经百分制转换后得到最终的身体素质诊断指标成绩。计算步骤为:

第 1 步:判断学生所处年级组,从表 4 – 1、表 4 – 2、表 4 – 3 和表 4 – 4 中确定选用的测试指标,其序号存于变量 i 中,以及相对应的测试成绩 PScore(i)。

第 2 步:从表 5 – 7 中获取选用测试指标对应的身体素质转换权重 CZW(j)(i),然后计算选用测试指标的身体素质诊断指标权重之和,存于数组变量 SUM_CZW(j) 中,计算公式为:

$$\text{SUM\_CZW}(j) = \sum_{i=1}^{m} CZW(j)(i)$$

式中,m 为测试指标数量,i 为测试指标序号,j 为身体素质诊断指标序号。

第 3 步:使用身体素质转换权重 CZW(j)(i) 和测试指标得分 PScore(i),计算身体素质诊断指标转换得分之和,存于数组变量 SUM_ZScore(j) 中,计算公式为:

$$\text{SUM\_ZScore}(j) = \sum_{i=1}^{m} (CZW(j)(i) \times PScore(i))$$

式中,m 为测试指标数量,i 为测试指标序号,j 为身体素质诊断指标序号。

第 4 步:用身体素质诊断指标转换得分 SUM_ZScore(j) 除以第 2 步得到的相对应身体素质诊断指标权重之和 SUM_CZW(j),得到身体素质诊断指标百分制得分,存于数组变量 ZScore(j) 中,计算公式为:

$$\text{ZScore}(j) = \text{SUM\_ZScore}(j) \div \text{SUM\_CZW}(j)$$

式中,j 为身体素质诊断指标序号。

以《标准》测试指标成绩作为数据来源,使用本研究构建的诊断模型和转换模型及转换算法,可得到学生的诊断指标成绩。下面,以小学 2 年级某男生为例,通过一个具体实例说明学生体质健康诊断结果的计算过程。

第 1 步:获取该生的测试指标信息。BMI 指数成绩为 80 分,肺活量成绩为 95 分,选用的身体素质测试指标及成绩如表 5 – 8 所列。

表5-8 示例学生测试指标及成绩

序号(i)	身体素质(j)	得分 PScore(i)
1	50 米跑	95
2	坐位体前屈	80
3	1 分钟跳绳	76

第2步:计算测试指标对应身体素质诊断指标权重之和,结果如表5-9所列。

表5-9 示例学生测试指标对应身体素质诊断指标权重之和

身体素质 (j)	转换权重 CZW(j)(i)			权重之和 SUM_CZW(j)
	50 米跑 (i=1)	坐位体前屈 (i=2)	1 分钟跳绳 (i=3)	
力量(1)	0.2380	0.2219	0.0747	0.5346
速度(2)	0.5568	0.0428	0.2160	0.8156
耐力(3)	0.0383	0.0476	0.1425	0.2284
柔韧(4)	0.0571	0.6031	0.0318	0.6920
灵敏(5)	0.1098	0.0846	0.5350	0.7294

第3步:计算身体素质诊断指标转换得分,以力量指标为例,其转换得分计算过程为:

力量转换得分 $= 95 \times 0.2380 + 80 \times 0.2219 + 76 \times 0.0747 = 46.0392$

第4步:计算身体素质诊断指标百分制得分,以力量指标为例,其百分制得分计算过程为:

力量百分制得分 $= 46.0392 \div 0.5346 \approx 86.1$

通过第3、4步计算,可得到该名学生的身体素质诊断指标成绩如表5-10所列。

表 5 – 10 示例学生身体素质诊断指标诊断成绩

身体素质 （j）	转换计算过程			转换得分 SUM_ZScore（j）	百分制得分 ZScore（j）
	50 米跑 （i = 1）	坐位体前屈 （i = 2）	1 分钟跳绳 （i = 3）		
力量（1）	22.61	17.752	5.6772	46.0392	86.1
速度（2）	52.896	3.424	16.416	72.736	89.2
耐力（3）	3.6385	3.808	10.83	18.2765	80.0
柔韧（4）	5.4245	48.2248	2.4168	56.0893	81.1
灵敏（5）	10.431	6.768	40.66	57.859	79.3

注：百分制身体素质成绩四舍五入后保留 1 位小数位。

综合使用表 5 – 6 确定的学生体质健康诊断模型，可计算得到一级指标诊断结果和综合诊断结果，表 5 – 11 为该生体质健康评价和诊断的对比结果。

表 5 – 11 示例学生体质健康评价与诊断对比结果

评价结果			诊断结果			一级指标诊断结果			综合诊断结果	
指标名称	评分	等级	指标名称	评分	等级	指标名称	评分	等级	评分	等级
BMI 指数	– 80	低体重	BMI 指数	– 80	低体重	身体形态	– 80	低体重	87.5	良好
肺活量	95	优秀	肺活量	95	优秀	身体机能	95	优秀		
50 米跑	95	优秀	力量	86.1	良好	身体素质	83.2	良好		
坐位体前屈	80	良好	速度	89.2	良好					
1 分钟跳绳	76	及格	耐力	80.0	良好					
			柔韧	81.1	良好					
			灵敏	79.3	及格					

诊断结果显示，该生的体质健康整体水平较高，综合诊断达到 87.5 分，处于良好偏上水平。在身体形态方面，处于低体重等级；在身体机能方面，身体发育水平优秀；在身体素质方面，该生五项身体素质水平由高到低排序依次为：速度

>力量>柔韧>耐力>灵敏,说明该生应重点开展灵敏素质方面的体育锻炼,另外,该生50米跑测试成绩为95分,而速度素质诊断结果为89.2分,其主要原因是由于1分钟跳绳所反映出的速度素质拉低了学生速度指标的诊断结果。

六、学生体质健康诊断体系的形成

在诊断模型基础上,参照评价体系可构建出学生体质健康诊断体系,如表5－12所示,用于对学生开展多维度体质健康诊断,从体型、心肺功能、力量、速度、耐力、柔韧和灵敏等方面反映学生存在的不足和差距,诊断结果也是后续对学生个体或群体开展信息化网络服务的基础和依据。

表5－12　学生体质健康诊断体系结构

诊断方式	诊断对象	
	个体诊断	群体诊断
评分诊断	单项指标得分 ZScore(j)	男生单项指标平均分 ClassMZScore(j)
		女生单项指标平均分 ClassFZScore(j)
	综合指标得分 CZScore	男生综合指标平均分 ClassMCZScore
		女生综合指标平均分 ClassFCZScore
等级诊断	单项指标等级 ZGrade(j)	男生单项指标等级 ClassMZGrade(j)
		女生单项指标等级 ClassFZGrade(j)
	综合指标等级 CZGrade	男生综合指标等级 ClassMCZGrade
		女生综合指标等级 ClassFCZGrade

学生体质健康诊断体系与评价体系在结构上相同,在评价指标上有所区别,但二者都遵循《标准》的规范和原则。评价体系使用《标准》测试指标直接作为评价指标,但在BMI指数的计算上用正负数值区分超重和低体重,并引入群体评价的范畴;诊断体系是在评价体系基础上进行的改进,在不同年级学生身体素质指标上进行了统一化、整合化和直观化处理,其结果根植于评价结果,较评价结果更易于理解和使用,也更易于从时间维度上追踪学生的体质健康发展历程,

从而形成标准化的学生体质健康档案。

学生体质健康诊断体系中涉及的相关计算方法与评价体系相同,在此不再赘述。

第六章　学生体质健康运动
处方干预策略研究

一、运动处方的概念界定

关于运动处方的概念,虽然各家学者表达不一,但其内涵基本是一致的。日本猪饲道夫提出健身运动处方是符合个人情况所制定的运动程序,对从事体育锻炼的人,根据运动者的生活和爱好,针对其运动成绩,规定锻炼者运动目的、时间、种类、频率和注意事项等,以便科学参加体育锻炼,从而达到健身目的,即为健身运动处方。有些专家认为健身运动处方是以身体练习为手段,为了提高身体整体素质而提出的练习方法。还有专家认为在测定锻炼者体质基础上规定锻炼目的、强度和时间等的运动处方,与医生开具药方有着根本的区别,医生开具的药方主要是以药物为治疗手段,而运动处方则是以运动为手段来改善身体状况。

陈栋等在《关于运动处方的起源及发展探讨》中,定义运动处方为"对以健身或康复为目的的体育锻炼者,以体检资料(心肺功能为主)为基础,结合个人特点,以处方的形式制定运动的形式、频率、强度、时间、进度,从而达到更为有效的运动效果"。蒋旻在《浅析运动处方》中,定义运动处方为"医师用处方的形式规定体疗病人或健身运动参加者的锻炼内容、运动量和运动强度"。贾玉琳在《运动处方的健身作用探讨》中,定义运动处方为"以身体练习为手段(含意念练习或以身体练习为形、以意念练习为神的练习），针对不同人的健康状况，为改进、完善、提高、增强身体某一部分或整体的功能，而制定出适合个体状况的运动程序，用处方的形式来确定健身或体疗有针对性的负荷内容的实施系列练习方法"。张恒亮在《健身运动处方的制定》一文中，定义运动处方为"根据健身体育从事者的身心条件和特点，以处方的形式确定体育锻炼内容、负荷量、运动强度、持续时间、锻炼频率等，以增进身体健康、增强体质为目的"。胡勇刚、张公虎在《关于制定运动处方的探讨》中，定义运动处方为"根据锻炼者的年龄、性别、健康状况、心肺功能或运动器官的机能水平，规定出适当的锻炼内容、锻炼方法、锻炼强度、锻炼时间、锻炼频度及锻炼进度，并以此来指导锻炼者有目的、有计划、科学地进行身体锻炼，从而达到提高机能水平或恢复机体某一部位功能的目的"。日本学者贺谷熙彦·淳指出"运动的质"即运动的强度、时间和频率，"运动的量"是指耐力性运动中的运动种类。刘纪清根据自己 10 多年对运动处方的研究和锻炼经验，认为运动处方的完整概念可概括为：对从事体育锻炼的人或病人，根据医学检查结果（包括运动试验及体力测验），按其健康、体力以及心血管功能状况，结合生活环境条件和运动爱好等个体特点，用处方的形式规定适当的运动种类、时间及频率，并指出运动中的注意事项，促使其有计划地经常性锻炼，达到健身或治病的目的，即运动处方。

综上所述，本研究对运动处方的概念界定为：通过体质健康测试对学生身体形态、身体机能、身体素质进行评价和诊断，依据评价和诊断结果制定个性化的运动目标，并结合学生年龄、性别、兴趣、健康状况等身体条件，以处方形式给出包含运动内容、强度、时间、频度等的科学化、定量化的健身方案，从而达到增强学生体质、促进学生身心健康和全面发展的目的。

二、运动处方的分类

运动处方的分类方法多种多样，从不同角度、不同领域可将运动处方分为：预防健身性运动处方、康复治疗性运动处方、竞技训练性运动处方和体育教学性运动处方。

预防健身性运动处方是根据锻炼者的自身状况,采用不同运动处方进行科学锻炼,一方面可以更科学地提高锻炼者的身体机能、增强体质、增进健康、提高健康体适能;另一方面可以预防糖尿病、高血压和心脑血管疾病等各种疾病的发生。预防健身性运动处方主要是由私人教练、社会体育指导员制定并推广应用到健身机构和疗养院等。

康复治疗性运动处方主要针对经过医疗后身体基本康复,但总体状况并不稳定,例如,中风后遗症、术后待恢复患者、冠心病等,以及慢性疾病患者,如糖尿病、高血压,高血脂等疾病的患者,根据病情及身体状况制定个性化较强的运动处方,并通过该运动处方来提高患者的身体机能,减轻功能障碍,提高自理和工作能力以及加速痊愈。康复治疗性运动处方主要由康复治疗师,医疗师及社区的高级健身指导员制定并应用到专门的康复医疗机构中心。

竞技训练性运动处方是根据运动员的年龄、性别等情况,分析各种影响运动竞技水平的因素,并制定专门化的运动处方,以提高运动员的竞技能力水平。竞技训练性运动处方由体校或运动队的教练员制定,运动员根据运动方法进行科学训练从而有效提高运动成绩。

体育教学性运动处方是根据体育教学的培养目标以及授课对象的身体形态、身体素质、身体机能、健康状况、学习动机、学习态度等情况,制定出个性化的运动处方,应用到学校体育中,培养学生运动习惯,达到增强学生体质的目的。体育教学性运动处方一般由大中小学校的体育教师根据班级学生的实际情况制定并实施,具有较大的灵活性,能够使学生积极地投入到体育教学活动中来。

三、运动处方的基本内容

(一)运动处方的目的

谭思洁在《体适能评价与运动处方》一书中阐述了运动处方的目的是指根据锻炼者年龄、性别、身体状况和主观需要确定的运动目标,主要包括促进生长发育、增强体质、健美和塑形、减肥、预防和治疗疾病、调节心理状态等。

（二）运动处方的内容

1.有氧运动:有氧运动是运动处方中最基本的锻炼方式。属于耐力性运动项目,如快步走、长距离跑、走跑交替、游泳、滑冰、长时间跳绳、划船、长时间骑自行车、长下楼梯、步行车等。在预防健康性运动处方中,主要对呼吸、心血管、内分泌等系统疾病的预防起到重要作用。有氧运动处方有利于消除代谢产物、调节做功肌肉的摄氧能力、增强心血管系统运氧能力,经过一段时间有氧运动处方的锻炼不仅可以促使心率减慢、血压平稳,而且可以使心脏输出量增加。

2.伸展运动和健身操:包括古今中外各种健身式的体操,如广播体操、八段锦、健身迪斯科、太极拳、五禽戏、舞蹈及各种矫正体操和医疗体操等。伸展运动和健身操不仅可以治疗、防御疾病,还可以起到健身和强体的作用,能有效地放松神经、消除疲劳、改善体形,而且还能够增加机体的柔韧性,防治高血压、神经衰弱等。

3.力量性运动:力量性训练是由美国运动医学会推荐并推广的,主要内容是必须有身体主要肌肉群参加,每次 8 ~ 10 组,每组练习 10 ~ 12 次,每周至少 2 次训练。力量性运动比较适合于神经麻痹、骨质疏松和关节运动障碍等人群,据研究表明,骨质疏松的人群通过适宜的力量性运动,其状况可得到一定程度的缓解。力量性运动的功效不仅可以改善神经肌肉协调性、增强肌肉力量,还可以增加关节灵活性,方法主要包括通过辅助设施进行锻炼的被动运动、免负荷运动、助力运动、主动运动以及抗阻力运动等。

（三）运动强度

运动强度是指单位时间内移动的距离或速度,或肌肉单位时间内所做的功。人的运动承受能力差异性很大,马拉松运动员能坚持80%的强度持续运动2小时,但一般人在此强度上恐怕只能坚持几分钟。运动强度被认为是运动处方的核心要素,也是设计和实施运动处方最难把握的环节,只有在运动中把握好运动强度,健身锻炼的安全性、科学性及有效性才能得以保障。运动强度分为绝对强度和相对强度,也称为物理负荷强度和生理负荷强度。通常情况下,采用相对运动强度来衡量锻炼者的运动强度,即以锻炼者的生理负荷强度来判断运动处方的运动强度,如根据运动者完成某一运动达到的个人最大摄氧量或者最大心率百分比等生理指标来衡量运动强度,从而反映此运动负荷对身体机能的刺激程度。实践证明,利用相对运动强度来设计运动处方,更能符合锻炼者的体能状况,具有更好的安全性和有效性。

用心率控制运动强度的方法有靶心率、年龄减算法、卡沃南最大储备心率百分数法、运动量百分比分级法以及净增心率法。靶心率是指获得最佳运动效果并能确保安全的运动心率,也称运动适宜心率,一般取本人最大心率的60% ～85%。最大心率是指到达最大运动强度时的心率,对一般人来说,直接通过极限负荷确定最大心率是不现实的,因此,通常采用公式间接推算获得,一般健康人的最大心率(次/分钟)为220减去年龄,一般人群运动适宜心率(次/分钟)为180减去年龄,60岁以上或者体质虚弱的人群运动适宜心率(次/分钟)为170减去年龄。最大储备心率百分数法对于提高心血管疾病病人的心脏呼吸机能有重要作用,美国运动医学会提出以心率储备的60% ～85%作为运动处方中运动强度的安排最为适宜。对于身体状况欠佳或者初练者应遵循循序渐进、逐步增加负荷的原则,在刚开始锻炼阶段运动强度应保持心率储备在60% ～75%之间,经过一段时间锻炼后,可提高心率储备的百分比在70% ～85%范围内。在计算运动强度时,应先测得安静时的心率,再计算出最大心率,再按照心率储备计算出运动中的靶心率。靶心率的计算公式为:

靶心率=[(最大心率－安静时的心率)×%心率储备]+安静时的心率

运动量百分比分级法对心血管疾病患者、老年人及体弱者的运动强度设计有一定效果,其计算公式为:

运动量百分比=(运动后心率－运动前心率)/运动前心率×100%

净增心率法适用于冠心病、高血压、肺气肿等慢性疾病患者运动处方强度的制定,根据锻炼者体质的强、中、弱,分别确定其运动心率为安静心率加上60、40或20。

20 世纪 60 年代瑞典斯德哥尔摩大学的心理学教授 Borg 引入了用力感觉概念,并且开创了结合医学和运动学的生理心理学的新领域。Borg 体力感觉等级表是评估不同工作与运动中用力感觉的方法。从 6 至 20 共分 15 级,表示疲劳程度从轻到极重。当身体负载重物时,就可能导致生理上或者心理上的某些反应,例如心率增加、血乳酸堆积、感觉劳累等。同样,心理上或者精神上的负担和压力,例如情绪激动、焦虑等,也能引起生理和心理上的反应。目前在国际上比较好的确定运动强度的方法是靶心率和主观感觉程度的结合,这样不仅能够从客观上评价运动强度是否合理,还能够从主观感觉上来掌控运动强度。

(四)运动时间

运动时间是指运动持续的时间。运动量等于运动强度与运动时间的乘积,因此,运动时间对于运动效果起着重要作用。运动时间并非越长越好,要根据个人体质、医学检查及运动频度大小而定。运动时间的长短对锻炼效果有很大影响,运动时间过短,对肌体产生不了有效作用,达不到应有的效果,对于初练者,持续 20 分钟以上的练习并不容易。相反,运动时间过长,超过了肌体的承受能力,不仅不会产生很好的效果,还会影响肌体健康。库珀指出心率达到 150 次/分时,至少持续 5 分钟的运动时间就可以产生一定的效果,因此,5 分钟被认为是耐力运动所需的最短时间。一般来说,每次运动的时间在 15 ~ 60 分钟会产生良好的效果。日本的体育科学中心曾推荐过三种运动形式,包括运动时间和强度的组合:70% 最大摄氧量,运动时间为 15 分钟;60% 最大摄氧量,运动时间为 30 分钟;50% 最大摄氧量,运动时间为 60 分钟。

(五)运动频度

运动频度是指每周运动的次数。根据超量恢复理论,每次运动不断积累以产生良性运动才能产生好的锻炼效果,运动间隔时间过长或过短,都不会产生良好效果。运动频度取决于运动强度和每次运动时间,一般认为,锻炼的最佳效果是每周进行 3 ~ 4 次,即隔天锻炼,但每周最低的运动频度不可以少于两天。当然对于刚开始锻炼的人来说,可以每周锻炼一次,然后根据身体情况逐渐增加运动频度。

四、制定运动处方的原则与策略

(一)制定运动处方的原则

1.全面性原则

学生的体质健康水平应是全面、均衡的发展,运动处方的作用是引导学生全面的锻炼身体,不是"测什么就练什么"的应试型锻炼或者"哪个指标差就练哪个指标"的片面性锻炼,而是在补齐短板的基础上获得全面的提升。全面的体质健康评价和诊断是一个系统的、复杂的、多要素的、高成本的过程,受多种因素的影响,在全国范围内对学生实施全面的体质健康评价和诊断在当下几乎是不可能的事情。因此,《标准》采用有限几个简便易行的测试指标来间接或部分地反映学生体质健康水平,这就导致了依据《标准》开展的评价和诊断也间接或部分地反映学生体质健康水平,但在制定运动处方的原则上要坚持全面性原则,充分考虑学生全面发展的实际要求。

2.针对性原则

在学业的压力下,学生的体育课、大课间活动和课外体育锻炼时间是有限的,如何在有限时间内高效地提高学生体质健康水平,就必须坚持运动处方的针对性原则,依据诊断出的劣势指标优先补足短板,才能快速提高学生体质健康整体水平。

3.科学性原则

不同年龄段的学生处于不同的生长发育阶段,不同性别学生在青春期特殊阶段也有不同的发展特征,运动处方应遵循学生自然生长发育的客观规律。低年龄段学生身体尚未发育完全,体型的可塑性强,各关节韧带的灵活性和柔韧性强,但不适宜大负荷、高强度的剧烈运动;高年龄段学生的身体发育基本成熟,各方面发展也趋于稳定,体型的变化相对较小,身体各关节韧带的柔韧性和灵活性较低年龄段学生也有所降低,但身体力量和耐力素质有所提高。因此,运动处方在体质健康诊断结果的基础上,对低年龄段学生应注重柔韧素质和灵敏素质的提高,而对高年龄段学生则应注重力量素质和耐力素质的提高。学生身体素质的自然增长和运动能力的提高,是以身体形态、身体机能的发育作为生物学基础的,并受生长发育的规律所支配,在制定运动处方时要遵循身体素质增长的基本规律,以更好地帮助学生提高身体素质,提高健康水平,延缓身体素质的自然消退。

4. 长期性原则

只有坚持锻炼才可以保持和提高身体素质,当停止锻炼时身体素质就开始下降,提高体质健康水平不是一朝一夕的事情,是在进行长期科学的体育锻炼情况下才能取得的成果。因此,运动处方应满足学生长期锻炼的需求,促进学生形成积极的体育态度,提高学生对体育锻炼价值观的认识,帮助其形成终身体育锻炼的良好习惯。

5. 动态性原则

学生的体质健康状况是动态发展的过程,在不同时期有不同的表现。因此,运动处方应满足对学生进行动态运动干预的需求,按照"疗程"定期对学生进行体质健康诊断,依据诊断结果提供运动处方建议,一个"疗程"过后,再进行诊断并提出新的运动处方建议,形成动态的运动处方干预机制。

6. 多样性原则

正处在生长发育期的学生长期进行同一项目的体育锻炼,会降低学生对体育锻炼的兴趣,由于同一运动目标可以有多种不同的锻炼方法和形式,因此,为避免枯燥而终止锻炼,运动处方应能够在一个"疗程"内以一周为锻炼周期给出不同的运动方案,采用灵活多变的形式激发学生的运动兴趣。

7. BMI 优先原则

肥胖是当下学生体质健康面临的主要问题,肥胖不仅导致学生各项身体素质以及各种运动能力下降,严重者会导致患有多种慢性病几率的增加,降低心血管和内分泌功能。因此,对于诊出肥胖的学生来说,运动处方应采用有氧运动的手段优先帮助学生降低体重。

（二）制定运动处方的策略

对学生体质健康状况进行评价与诊断是为了从客观量化的角度发现学生体质健康存在的差距和急需解决的问题,依据评价与诊断结果为学生和教师提供可借鉴和参考的运动处方是本研究的实践价值所在。运动处方既可以用于指导家长帮助学生在校外课余时间有针对性地开展体育锻炼,又可以帮助教师制定校内体育课教学计划和大课间活动安排,促进学校体育教学内容和教学手段改革的不断深化,实现学生体质健康全方面发展。本研究从原则和应用的角度,以信息化公共服务需求为导向,提出运动处方的生成策略,不涉及具体运动处方内容的运动机制、运动原理和运动成效等研究范畴。

运动处方的策略是指在没有其他基础性疾病或运动障碍的前提下,根据学生的年龄、性别和诊断结果制定的运动方案,其结构包括运动目标、运动内容、运动时间、运动强度、组织方式、运动频率和注意事项 7 部分:

(1)运动目标是指依据诊断结果进行有目的性锻炼而达到的运动效果。

(2)运动内容是指运动时采用的手段、方法和种类。

(3)运动时间是指学生按照运动处方进行一次体育锻炼所持续的时间总和,本研究建议的运动时间为 50～60 分钟。

(4)运动强度是指运动对学生生理刺激的程度,采用平均心率衡量运动强度的大小,平均心率小于 120 次/分钟为低强度,120～150 次/分钟为中强度,150～180 次/分钟或超过 180 次/分钟为高强度。

(5)组织方式是指每个动作或运动项目的重复次数、完成组数及间隔时间等。

(6)运动频率是指每周锻炼的次数,一般情况下每周锻炼 3～4 次,即隔日锻炼一次,可使机体得到"超量恢复",得到更好的锻炼效果。

(7)注意事项是指为保证运动安全,避免运动损伤,所给出的安全提示等。

制定学生体质健康运动处方的决策流程如图 6-1 所列。

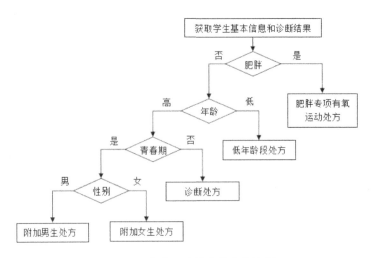

图 6-1　生成运动处方的决策流程

　　制定运动处方除了以学生体质健康评价和诊断结果为决策依据外,还应考虑肥胖、年龄、青春期和性别四个决策因素。其中,肥胖因素优先级最高,当判断出学生为肥胖时则启用针对肥胖的专项有氧运动处方;在年龄因素上,以小学为低年龄段,初中、高中、大学为高年龄段,要充分考虑小学阶段学生身体尚未发育完全,设置适宜于低年龄段学生的运动处方;在青春期因素中,考虑到男女生的不同生长发育特征,按性别因素分别设置青春期附加运动处方;在性别因素中,应考虑针对不同性别学生设置不同的运动方案。

五、运动处方与体育教学

　　运动处方的教学程序是"诊断—运动—诊断",具体的教学流程是:医学检查——体质测试与诊断——制定运动处方——实施教学和锻炼——体质再测试与再诊断。这种教学程序首先从学生本身出发,通过常规医学检查排查基础健康问题,明确运动风险,确保锻炼时的安全;如果身体健康,再进行体质测试,诊断其体质健康水平;然后根据所测定的学生健康状况、体质健康水平和运动爱好等情况制定合适的运动处方;然后根据运动处方开展实际的教学与锻炼;经过一段时间的锻炼后,再进行体质健康测试与诊断,检查锻炼效果,了解体质改善程度,以此循环往复。这种教学程序是以运动为手段,以学生为中心的教学体系,不仅能够确保运动的安全性,还能根据不同学生的具体情况,制定针对性较强的运动处方,从而提高运动效果,较传统的体育教学程序更为科学。学生不仅是运动的载体或工具,体育教学也不能仅是单一地为了提高运动成绩,而应是促进学生的全面发展。

运动处方教学在对运动强度的控制上与传统体育教学不同。运动处方教学以健身为目的来控制运动强度,遵循"高质轻负"的原则,对运动负荷的安排和控制不仅要考虑运动对健身的实效性,而且还要考虑运动的安全性和趣味性,是集安全性、趣味性和实效性于一体的教学方式。运动处方能够适配不同学生身体素质和运动能力的差异,每个学生拥有适合自身情况和兴趣爱好的运动处方,每个学生的运动强度也不同,这样才能保证每个学生在教学中获得更好的运动效果,进而也能确保学生的运动安全。开展运动处方教学时,教师既要遵循运动处方中对运动强度的要求,还要在运动过程中实时观测学生个体对运动的生理反应,如心率等,以避免运动强度过大超过个体所承受的极限而导致运动损伤。运动处方控制运动强度的方式

六、学生体质健康特征与运动处方注意事项

(一)身体形态特征与注意事项

科学和规范的形体锻炼有助于学生形体的改变和完善,尤其是在高度和围度方面。体育锻炼可加快全身血液循环,使新陈代谢更为旺盛,从而改善肌肉和骨骼系统的营养。中小学生加强体育锻炼有助于骨骼的生长,使各部位的长度比例更为理想、围度也更为匀称。对于青春发育期的男女学生还要注意区别对待,女生应重视胸部和腹背部肌肉及臀肌锻炼,促进胸部发育,减少腹部及臀部脂肪的堆积;男生则应重视身体各部位的肌肉锻炼,促使肌肉更加发达。每个阶段的学生年龄并不完全相同,同年龄的个体发育也有很大差异,因而可能会出现同一个阶段内的学生处于不同发育阶段的身体特征。

1. 小学 1~4 年级学生身体形态特点及注意事项

小学 1~4 年级多为 7~10 岁学生,这一阶段男女生身体形态差异不大,身高、体重均随年龄逐渐增长,男生各项身体形态指标均略高于女生。这一阶段学生身高的增长主要以下肢的长度增加为主,而围度的增长幅度较小,肌纤维较细,肌肉的横断面积较小。由于这一时期骨的钙化不明显,关节软骨较厚,因而骨骼弹性较大,虽不易骨折但易变形。因而应教育学生保持正确的身体姿势,避免形成不良体态。

该阶段学生爱动、活泼、注意力不易集中、持久性不足,体育锻炼应避免过多地采用静力性锻炼手段,而多使用一些动力性锻炼形式,既要有针对性又要强调全面系统性,保证学生身体正常发育。该阶段学生善于模仿,体育锻炼要简练、轻快、舒展、活泼、美观、具有较强趣味性,要避免力量性、耐力性锻炼过多,以免影响学生身高增长;男女生可采用相同的形体锻炼手段,要注重培养正确的坐、立、行、跑、跳姿势,以预防脊柱、胸廓、下肢骨的变形,要多选择一些有利于发展股四头肌等主要肌群形态的锻炼,如游泳、跳绳、形体操等。该阶段除采用徒手进行锻炼外,还可采用一些轻器械、游戏或小型比赛等方式以增加学生兴趣,锻炼过程中要注意适当休息。

2. 小学 5~6 年级学生身体形态特点及注意事项

小学 5~6 年级多为 10~13 岁学生,由于男生发育一般比女生晚 1~2 年左右,因此这一阶段男女生身体形态出现一些分化:女生进入青春发育期后身高和体重快速增长,多数女生出现身高比男生高、体重也超过男生的现象;而待男生进入青春期后也逐渐进入快速增长期,身高迅速增长,反超女生。这一阶段身高的增长仍以下肢长度增长为主,下肢肌肉的长度和围度也有所增加;女生随着乳房的发育胸围迅速增长,大腿围度和骨盆宽度的增加也较快,出现下肢明显增粗、脂肪堆积、体脂百分比升高等现象;男生围度虽有所增长,但由于围度的增长落后于长度,容易出现"豆芽菜"体形。

该阶段是学生身高和体重增加的重要时期,学生的模仿能力和反应速度快速发展,因而体育锻炼应选择具有灵活性和速度性的跳绳、短跑、竞技性游戏、乒乓球、体操、武术、游泳等。但由于该阶段学生脊柱生理弯曲较成人小,缓冲作用较差,因而不宜在水泥地等比较硬的地面上长时间地进行跑跳锻炼,同时要避免过多地从高处往下跳的动作,以防止骨盆发育变形。该阶段的学生可适当做一些小负荷力量性锻炼,如仰卧起坐、提举或抛接较轻物体等,避免负重过重、时间过长、次数过多或静力性锻炼,否则会使骨骼过早骨化,影响身高增长,严重的会影响下肢的正常发育,引起腿的变形、足弓下降(扁平足)等。由于该阶段男女生的生长发育差异,锻炼也要有所区别,除发展下肢肌群外,女生应着重进行腰肌和腹肌等肌群的锻炼,塑造健美的腰腹形态;男生则应着重锻炼腰背和上肢等肌群,以利于身体的均衡发展。

3.初中学生身体形态特点及注意事项

初中学生多为13~16岁,这一阶段男女生均进入青春发育期,各项形态指标继续快速增长,但肌肉增长要落后于骨骼增长。由于女生各项发育指标增长值和增长率出现高峰的年龄比男生早1~2年,因而这一阶段女生身高增长速度有所减慢,男生则处于快速增长期,男女生各项指标的差距逐渐拉大,身高、体重具有显著差异。同时男女学生下肢长度的增长速度减慢,身高的增长以坐高为主。该阶段男生的围度和宽度随年龄增长而上升尤为显著,尤其是初一年级以后更为明显,上体胸围、肩宽、上臂围增长率达到高峰,小腿围度也增长较快;女生的围度和宽度增长率虽有所减慢,但大腿围与骨盆宽的增长达到高峰,因而下肢增粗会十分明显。

青春期对机体的影响比此后任何时期都大,是身体形态发育的关键时期。男生除了继续进行下肢锻炼以外,还应加大躯干和上肢肌肉锻炼,通过力量锻炼促进肌肉围度增加,以使得身体发育更为匀称,从而避免体形过于纤细,缺乏阳刚之气;女生既需要保持身体有适量脂肪,又要防止脂肪过度堆积,除了进行适度有氧锻炼以外,再针对腰、腹、臀、腿和胸进行适度锻炼,以形成较优美的体形。该阶段学生在锻炼项目上可多安排一些伸拉性、动力性的运动项目以及较长时间的有氧运动项目,如跑步、游泳、球类、武术、体操等。

4.高中学生身体形态特点及注意事项

高中学生多为 16~19 岁,这一阶段男女生形态指标增长均减慢,但差距继续增大。该阶段男女生下肢长度增长甚微,围度和宽度的年增长率很小,身高的增长仍以坐高的增长为主,至 18 岁后身高接近成人。该阶段女生身体基本定型,皮下脂肪增厚,体重明显增加,乳房发育趋于成熟,呈现出富于曲线的形体,骨盆发育也日渐成熟,髋部和大腿明显增粗,小腿围度增长较多,但肩带窄、胸廓小,因而形成下肢粗短、上肢窄细的体形;而男生则由于上体围、宽度增长较快,形成了上体宽厚、下肢细长的体形。

青春期过后学生身体发育逐渐成熟,通过积极参加体育锻炼,可以使男生的肌肉更加健美,女生则可减少体内脂肪堆积,使体态健美匀称。该阶段女生主要的锻炼部位是胸部、腰背部、大腿和臀部,男生则主要是肩带、上臂、胸廓和腰部以及腿部,通过徒手或器械锻炼来增加肌肉力量形成结实而健美的体形。

(二)身体机能特征与注意事项

1.小学 1~4 年级学生身体机能特点及注意事项

该阶段学生的骨骼、肌肉和内脏的发育还不成熟,心脏尚处在发育过程中,只有通过运动增加心率才能适应机体活动的需要。由于心脏的活动受神经系统调节,而支配心脏活动的神经纤维在 10 岁左右才能发育完成,因此该阶段学生的心率不稳定,脉搏节奏不规律。该阶段学生胸廓窄,呼吸肌较弱,肺泡小而少,鼻腔短直,鼻道狭窄,鼻黏膜柔软且血管丰富,易受感染;学生大脑皮层兴奋和抑制过程不均衡,活泼好动,注意力不易长期集中,喜欢多样的活动内容,第一信号系统的活动占主导地位,思维有明显的具体形象性,模仿能力强。该阶段学生对体育的兴趣比较浓厚,但大多数是直接兴趣,把体育活动看成玩的一种形式,不宜进行长时间的大负荷运动或高强度的力量性运动,所选锻炼项目应以灵敏性、柔韧性、协调性活动及全面的身体素质锻炼为宜,适当进行小强度的有氧耐力训练,以能够加大关节活动的幅度、肌肉和韧带的弹性、加速血液循环、改善呼吸功能和心血管的功能为主要目的。

2. 小学 5~6 年级学生身体机能特点及注意事项

该阶段学生各项机能虽有所发展但仍未发育完全,心肺功能和耐力机能仍然较差、易于疲劳,运动时主要依靠提高心率来增加心输出量,因而心脏只能适应短时间的紧张运动,当进行长时间强度较大的运动时,会出现因缺氧而导致的疲劳。在呼吸系统方面,胸廓较窄,呼吸肌较弱,对氧气需要量大,呼吸频率较快。该阶段学生应安排一些适宜的耐力性锻炼,增强心脏功能,发展最大吸氧量,提高有氧运动能力,一般不宜参加长时间大负荷运动或大强度的力量性锻炼,避免参加用力过大的憋气或长时间静力性运动。该阶段学生的精细分化能力仍不够精确,易出现多余和错误的动作,建立条件反射快,消失也快,重建恢复也快,而且活泼好动,注意力不集中,体育活动宜采用趣味性较强、直观形象的项目,培养其良好的体育态度和自觉锻炼的习惯,从而有助于身体机能的提高。

3. 初中学生身体机能特点及注意事项

该阶段学生生长发育处于高峰期,同时也是情感、意志、兴趣等心理发展产生巨大变化的转变期。该阶段,学生的心血管、呼吸系统发育加速,但尚未完成且可塑性大;大脑皮层抑制过程得到发展,动作协调性进一步提高,综合分析能力也有所发展,但分化能力还不强,掌握复杂、精细的动作较困难;神经细胞的工作耐力差,易产生疲劳,但神经过程有较大的可塑性,神经细胞有很快的恢复能力,因而疲劳消除得也快。该阶段是生理发展的高峰期,应采取必要的手段促进学生呼吸系统、心血管系统的发育,除一般体育活动外,应重点参加多种多样的耐力性活动,对于改善学生心血管系统机能最为有效,由于大肌肉群发育优先于小肌肉群,还应特别注重发展小肌肉群力量与耐力的锻炼,运动负荷以中小强度为主。

4. 高中学生身体机能特点及注意事项

该阶段学生身体各器官系统发育渐趋完善,肌肉力量不断增强,骨骼的骨化过程趋向完成,血压增加的速度减慢,18~19 岁以后血压基本趋于稳定,运动能力和动作协调性进一步提高。该阶段,应采取必要的锻炼手段促进学生呼吸系统和心血管系统的发育,运动强度应适当加大、时间应适当延长,要注重培养学生对体育的兴趣,激发锻炼身体、增强体质的积极性。要根据男女学生生理和心理的特点,选择适当的活动来促进身体机能提高,男生应以竞技性强、有一定强度的运动为主,女生应以韵律性强、节奏明快、动作优美的运动为主,同时还应进行适当的无氧锻炼,以促进身体全面发展。

(三)身体素质运动处方注意事项

根据学生不同身体素质自然增长先后顺序和进入稳定阶段时间的早晚,合理安排体育锻炼的内容时既要注意保证全面发展,又要有侧重地发展具体身体素质,不仅可以增强学生的体质也能提高运动能力。

1. 力量素质运动处方注意事项

力量素质水平是影响身体运动能力的关键因素。发展力量素质既要全面又要有重点,既要使四肢、腰、腹、背、臀等部位的大肌肉群得到锻炼,又要注意发展薄弱的小肌肉群力量。由于复杂的体育运动需要身体各部位大小不同肌群协同工作才能完成,所以发展力量素质应在全面发展的基础上针对不同运动项目特点而有所侧重。由于肌纤维被拉长后可以增大收缩力量,同时又可保持肌肉良好的弹性和收缩速度,因此,力量锻炼时要注意使肌肉充分拉长和收缩,锻炼后要使肌肉充分放松,往往最困难的最后一两次动作越是要坚持完成。另外,肌肉活动是在中枢神经系统调节下进行的,因此力量锻炼时要全神贯注,加强自我保护和互相保护,防止注意力不集中导致的意外受伤。

2. 速度素质运动处方注意事项

发展速度素质应从系统论的角度出发,合理安排锻炼顺序,使各素质间互相促进和良性转移,由于快速力量和柔韧性是影响速度素质的重要因素,因此要注意以发展力量素质和柔韧素质来促进速度素质的提高。发展速度素质应注意学生年龄特征:7~13岁,学生处在速度素质快速增长期,学生的神经系统和协调能力快速发展,重点是提高单个动作速度和频率,在锻炼中充分利用一切能提高单个动作速度和频率的方法,激发学生对锻炼的兴趣和积极性;13 岁以后,在保持已经获得单个动作速度和频率的基础上,采用提高肌肉最大力量的方法来增大幅度,从而提高移动速度。

3. 耐力素质运动处方注意事项

通过局部或全身运动可以提高相应肌群的肌肉耐力以保持持续运动,提高全身耐力需要在发展肌肉耐力的同时提高呼吸器官和循环系统的功能。耐力素质的发展水平受人体生长发育水平的影响,应遵循人体生长发育规律,如果锻炼中所采用的方式、强度和运动量与生长发育水平不一致,非但不能收到良好锻炼效果,还可能会损害人体健康。因此,根据学生的发育水平合理安排耐力锻炼,是发展耐力素质非常重要的因素,一般来说,小学阶段学生正处于有氧耐力的敏感发展期,宜进行有氧耐力锻炼,男生 14 ~ 16 岁、女生 13 ~ 14 岁以后进入无氧耐力的敏感发展期,宜进行无氧耐力锻炼。另外,耐力锻炼的负荷安排也是一个重要因素,通常以 130、150、170 次/分钟的心率指标作为学生小、中、大的适宜负荷强度标准,青春期后可适当提高负荷强度。此外,耐力锻炼方法与手段的采用也要结合不同学生的生理和心理特点。

4. 柔韧素质运动处方注意事项

发展柔韧素质需要有意志力,锻炼中痛感强、见效慢,停止锻炼便有所消退,持之以恒才能见效,要注意从小培养,5 ~ 10 岁为最佳发展期。由于肌肉、韧带等的伸展性并不是短时间就能得到提高的,所以柔韧性锻炼应循序渐进,不能急于求成。发展柔韧素质要与发展力量素质相适应,柔韧和肌肉力量是相辅相成的,力量锻炼可以发展肌肉的收缩能力,柔韧锻炼可以发展肌肉的伸展能力,因此力量与柔韧相结合的锻炼对提高肌肉质量最为有效,既能达到力量和柔韧的协同增长,又能保证稳固的关节灵活性。柔韧性的表现不仅在于某个局部身体部位,而是牵涉相互关联的多个部位,因此发展柔韧素质要兼顾相互关联的多个身体部位。柔韧性锻炼要注意外界温度与锻炼的时间,外界温度过高或过低,都会影响肌肉的状态和伸展性,锻炼之后应结合放松锻炼,促进被拉伸的肌肉的血液循环,有助于伸展肌群的放松和恢复。

5.灵敏素质运动处方注意事项

学生在 6～7 岁时平衡器官得到充分发展,在 7～12 岁时灵敏素质稳定提高,在 13～15 岁时由于青春期灵敏素质相对下降,之后随年龄增长又稳定提高至成人阶段。神经系统是人体发育最早、最快的系统,学生在小学阶段的反应能力、动作速度、平衡能力、节奏感等方面都具有较大的发展潜力,因此需特别注重对小学阶段学生灵敏素质的锻炼。由于灵敏素质是人体综合能力的表现,提高力量、速度、耐力、柔韧等素质是发展灵敏素质的基础,因此发展灵敏素质必须从培养学生的各种能力入手,在锻炼中广泛采用发展其他身体素质的方法来发展灵敏素质,并着重培养学生掌握动作的能力以及反应能力和平衡能力等,另外,还需特别注意在锻炼中要消除学生的紧张情绪和恐惧心理。

第七章　学生体质健康信息化
公共服务政策保障体系的构建

我市长期以来一直定期开展学生体质健康监测工作,其目的是全面掌握学生体质健康状况,培养终身体育锻炼意识,最终达到促进学生体质健康发展的核心要求,并且一直将体质健康测试作为体育课程教学和学校体育工作的绩效考核指标。在促进大数据应用战略发展背景下,充分挖掘学生体质健康测试大数据的数据价值和应用价值,建立对学生体质健康监测数据有效收集、开发、共享和开放的信息化公共服务政策保障体系是当务之急,也是促进学生体质健康发展的基础性和保障性工作。

一、学生体质健康管理中存在的主要问题

为构建学生体质健康信息化公共服务政策保障体系,经多方面调研与分析,对目前我市学生体质健康测试工作中存在的主要现实问题进行了梳理:

• 教育主管部门加大了对学生体质健康测试的抽查力度,但并未改变传统的管理理念和方法,对学生体质监测管理的指导与服务意识尚显不足;

• 全国各地区、各省份之间数据存储独立,数据之间无交集,无法实现数据的交流与共享,造成数据价值的浪费,数据存储孤立形成数据孤岛;

• 数据服务不具有动态性、持续性和服务性,缺乏具有时间跨度的横向与纵向连贯性分析,没有发挥出体质健康测试数据的服务价值;

●通过对天津市学生体质健康测试工作的实地考察和师生访谈,发现学生体质健康素养普遍较低,没有"从小抓起",各阶段学生体质健康素养形成断层;

●学生对体质健康测试工作的重视程度不高,甚至有抱怨情绪;

●部分学生体质健康水平较低,明显处于亚健康状态;

●由于测试成绩与教师的绩效挂钩,导致测试工作功利化问题;

●受测试仪器设备精准度和灵敏度影响,部分数据可能存在集体偏差;

●测试结果反馈渠道不畅通,反馈形式单一,无法有效激发学生体育锻炼的积极性;

●由于缺乏科学有效的指导,导致学生体育锻炼"事倍功半"甚至出现运动损伤。

1. 学校方面存在的问题

(1)对体育和体育教学的重要性存在认识上的偏差

部分学校和教师长期以来持有"片面追求升学率,重智轻体"的思想,对学校体育往往是"说起来重要,做起来次要,忙起来不要",以应试教育替代素质教育,以"升学第一"替代"健康第一",在教学内容上主要以中考、高考为导向,体育课在有些年级干脆被砍掉了。由于初三有体育加试要求,通常也是采取"临时突击"的形式。对体育教师的工作存在认识上的偏差,认为体育教师只是带着学生玩,不需要批改作业,没有升学压力,工作很轻松,导致了体育教师待遇明显低于其他学科教师。存在"舍本逐末,因噎废食"问题,将体育课的安全问题提到了至关重要的位置,导致体育课中单杠、双杠、跳山羊、跳马、跳高、跳远等能够培养学生意志品质的"危险"项目基本都被砍掉了。

(2)体育师资的数量和质量有待提高

《学校体育工作条例》明确规定:学校应当在各级教育部门核定的教师总编制数内,按照教学计划中体育课授课时数所占的比例和开展课余体育活动的需要配备体育教师。然而长期以来,这一政策始终没有得到很好落实,特别是"阳光体育运动"实施以来,在体育课时和课外活动时间大幅增加的情况下,体育教师的数量和质量并未得到相应改善。有的学校体育师资严重匮乏,由其他教师兼任,部分体育教师专业化水平不够,致使授课内容陈旧、组织形式单一,造成学生对体育课失去兴趣。同时,由于过分强调兴趣和娱乐,体育课负荷安排过小,难以达到锻炼身体的目的,使体育教学的实施效果大打折扣。

(3)学校体育经费严重缺乏,体育场地器材严重不足

在普及全民教育的今天,有的学校占地面积小,学校体育活动场地狭窄,无发展空间。在学校面积基本不变的情况下,学生人数越来越多,场地器材难以满足学生锻炼的人均需求。有的学校由于经费欠缺,没有足够经济能力去购置各种体育器材。可见,缺乏必备的场地器材条件是影响学生开展体育锻炼的重要原因。

2.家庭方面存在的问题

促进学生体质健康水平的发展不仅有学校方面的因素,还有家庭方面的原因。目前许多家长尤其是独生子女的家长缺乏正确的教育观、健康观、成才观,往往只重视孩子的智育而轻视孩子的体育,只重视孩子的营养供给而轻视孩子的身体锻炼。放学后,孩子们本想玩一会儿,放松一下,然而大多数望子成龙、望女成凤的家长便让孩子"大门不出,二门不迈"在家里做各种各样的作业。在假期或周末,许多家长也不让孩子参加一些有益于身心的体育活动,而是把孩子送到各类"补习班"、"辅导班",继续进行文化课学习,从而使孩子根本没有时间进行各种各样的体育锻炼。家长这种错误的教育观念是影响学生体质健康发展的关键原因。

3.学生方面存在的问题

学生缺乏主动锻炼的意识,生活方式不健康。外因是事物变化的条件,内因是事物变化的本质,外因通过内因起作用。学校、家庭、社会是学校体育工作落实不到位是外因,而学生缺乏主动锻炼的意识、不健康的生活方式则是学校体育工作落实不到位的内因,是导致问题出现的关键。随着生活水平的提高,油炸食品、碳酸饮料在学生食谱中的比例不断增加,摄入这些高能量、高热量的食品,不

仅会出现营养过剩,而且饮食结构也不合理。此外,高科技产品对当代学生的影响很大,有些学生每天连续看几个小时的手机,有的学生随时随地戴着耳机听音乐,甚至还有部分学生整日整夜沉迷于电子游戏和网络中不能自拔,这些行为都会给学生的身心带来不利影响。长此以往,学生的体质健康水平必然下降。

二、学生体质健康四级管理体系构建

遵循"政府主导、学校主管、多方参与、数据共享"原则,构建市、区、校、家四级学生体质健康信息化公共服务的组织架构和管理模式。

(一)组织架构

1. 市级层面

设立市级学生体质健康管理中心,负责制定全市学生体质健康管理的政策、标准和规范,统筹协调全市学生体质健康大数据的收集、整理和分析工作,为制定学生体质健康宏观政策提供决策支持。该中心直接隶属于市教委,确保政策的执行力和数据的权威性。

2. 区级层面

在各区教育局设立学生体质健康管理分中心,负责落实市级政策、标准和规范,组织本区域内学校开展学生体质健康测试和数据上报工作。同时,对区域内学校的学生体质健康数据进行汇总、分析和反馈,为区教育局提供学生体质健康管理决策支持。

3. 学校层面

各学校成立学生体质健康管理小组,由校领导牵头,体育、卫生等相关部门参与。学校负责具体实施学生体质健康测试,确保数据的真实性和准确性。同时,根据市、区两级的管理要求,定期开展学生体质健康教育和各类活动。

4. 家庭层面

家庭是学生健康成长的重要环境,学生的业余生活是在家庭中度过的,学生体质健康的发展离不开家庭的影响,父母在关注学生学业成绩之余更应该关注学生的健康成长、充分了解学生的体质健康状况,更应该促进学生养成良好体育锻炼习惯,熏陶学生对体育的兴趣。

（二）管理模式

通过建立协同参与机制、协同工作机制、数据共享机制、技术保障机制、监督评估机制和安全护航机制,构建推动学生体质健康信息化公共服务的管理模式,确保学生体质健康大数据的收集、整理、分析与应用工作的有序运行。

1.协同参与机制

学生、家庭、学校和政府共同形成学生体质健康信息化公共服务的参与主体,如图7-1所示。协同参与机制要从根本上体现以学生为中心的主体定位,凝练着家长和社会对学生体质健康管理参与权的期盼,在"共建、共治、共享"理念价值和"体教融合"背景下,应当充分发挥各主体作用,不能将"体"和"教"的环节仅仅托付给学校教师,而要将各主体纳入到整个学生体质健康治理的全过程中去,共同参与学生体质健康促进和信息化服务工作,各主体间相互监督、相互促进、相互融合,从而达到政府领导、学校支持、家庭参与、学生主动的良性循环机制,形成学生体质健康管理的良好社会氛围。

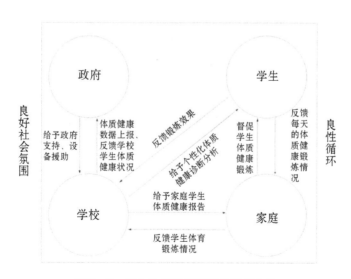

图7-1　学生体质健康管理参与者主体

2. 协同工作机制

为优化资源配置,各级管理机构之间要建立有效的协同工作机制,共同解决数据管理和应用中的问题。

(1)建立联络点:分级别设立联络点,明确联络人,负责协调不同机构间的管理工作。

(2)定期会议:定期组织召开会议,研讨数据管理、分析结果和改进措施等。

(3)共享资源:各区、学校可以共享分析数据、体育设施、教师资源、教学资源、经验做法等,共同提升学生体质健康水平。

(4)联合行动:在应对各类测试、统计、筛查、竞赛等任务和工作时,各级机构可以联合行动。

3. 数据共享机制

建立市、区、校、家之间的数据共享机制,确保数据的实时更新和流通。整合学籍管理系统、国家学生体质健康标准测试平台等数据信息,完善学生信息资料库,确保数据的全面性和准确性。数据共享机制是实现市、区、校、家四级管理体系协同工作的技术基础。具体措施包括:

(1)建立统一的数据平台:开发综合性的学生体质健康数据管理平台,允许不同级别的教育机构访问和上传数据,允许学生、家长和教师访问平台获取诊断结果和运动处方。

(2)制定数据标准:为确保数据质量,制定统一的数据采集、处理和上报标准。

(3)实时数据更新:确保数据可以实时采集和更新,以便快速了解学生体质健康变化。

(4)跨部门数据访问:教育、卫生、体育等相关部门可以根据权限访问共享数据,以支持多部门决策与合作。

4. 技术保障机制

建立统一的技术保障体系,为各级机构提供必要的技术培训和支持,保证各级机构能有效使用技术资源。

（1）提供技术培训：定期为相关人员提供信息技术和数据分析培训。

（2）技术支持团队：组建技术支持团队，帮助解决使用平台和分析工具时遇到的技术问题。

（3）升级维护：对数据平台进行定期的升级和维护，确保平台稳定性和安全性。

（4）引入先进技术：探索引入 AI、大数据等先进技术，以提高数据分析的准确性和效率。

5. 监督评估机制

建立监督评估体系，定期对各层级的数据管理和应用效果进行评估和反馈。市、区两级管理部门应定期对学校开展学生体质健康管理工作进行监督和评估，确保各项政策和措施得到有效执行。同时，鼓励社会各界参与监督，共同推动学生体质健康管理水平的提升。

（1）制定评估指标：根据学生体质健康状况和数据管理效果，制定量化的评估指标。

（2）定期检查：定期进行数据管理和分析的检查，评估其对改善学生体质的效果。

（3）反馈机制：建立反馈机制，将评估结果反馈给相关机构和人员，以便及时调整策略。

（4）公开透明：保持评估过程的公开透明，接受公众监督，提升管理的公信力。

6. 安全护航机制

确保学生体质健康数据的安全性和隐私保护，防止数据泄露和滥用。

（1）数据加密：采用先进的数据加密技术，保护数据在存储和传输过程中的安全。

（2）访问控制：实施严格的数据访问控制，确保只有授权人员才能访问敏感数据。

（3）隐私保护：制定明确的隐私保护政策，尤其是针对未成年人的隐私保护。

（4）安全审计：定期进行数据安全审计，检查和修补潜在的安全漏洞。

三、各级管理部门的职责分工

明确各级管理部门的工作职责和具体任务，在统筹规划、创新引领、促进发展、共享开放、深化应用的原则上推进学生体质健康数据信息化公共服务有序开展。

（一）市级管理部门

市级管理部门负责制定相关政策和法规，确保学生体质健康信息化的合法性和合规性。相关职责包括如下几个方面：

1. 制定政策与规划

教育部门制定阶段性发展规划可分为初期阶段、中期阶段、后期阶段三个阶段。在初期阶段，教育部门应组织专门团队与技术服务机构合作，快速搭建起信息化平台，并组织大量的培训活动让教师尽快熟悉操作。在中期阶段，不断完善平台的数据分析功能，与其他部门建立定期的联席会议制度，共同解决学生体质健康方面的具体问题，学校也要根据平台的反馈数据调整体育工作的设置和体育教学方法。在后期阶段，通过对长期数据的分析，制定更加科学的体育教育政策，同时也根据家长和学生的反馈不断改进平台的服务功能，形成良性循环。教育部门还可以根据不同地区的差异和实际情况，灵活调整阶段性重点，以更好地适应本地需求。

2. 明确标准和规范

教育部门组织专家团队深入研究国内外在学生体质健康方面的先进经验，在多个地区选取代表性学校进行实地调研，收集大量一手数据，并通过数据分析发现需要重点解决的问题，邀请各领域专家进行论证研讨，建立完善的学生体质健康信息化公共服务数据标准和指标体系。然后开展试点工作，观察实际运行效果,发现问题及时改进,随着社会发展和对健康认识的不断深入,每年根据最新情况对标准和指标体系进行调整与完善,以确保其始终符合学生的实际需求和社会发展要求。

3.资源统筹

教育部门根据各地区各学校的实际情况,合理分配资金用于体育教育信息化建设,确保资源分配的公平性和有效性。组织一系列培训活动,提升教师和管理人员的信息化素养。对采购的检测设备进行严格把关,建立检测设备校间共享调配机制。积极与相关企事业单位合作开发智能化的信息服务平台,引入社会资金支持学生体质健康工作。通过这些举措,实现资源的优化配置和高效利用,有力地推动学生体质健康信息化公共服务政策保障体系建设。

4.公共服务平台建设

教育部门应与专业的软件开发团队合作,在广泛的需求调研基础上设计包含学生健康档案、运动监测、数据分析等功能丰富的网络服务平台。在开发过程中严格把控质量,确保系统稳定运行。在监督方面,成立专门的监督小组,每月对数据进行抽查,及时发现并解决数据质量问题。定期组织功能评估和师生满意度调查,根据调查结果对平台进行升级优化。在平台建设同时同步规划网络和数据安全防护措施,确保师生信息数据安全。

5.师资力量保障

教育部门根据实际情况开展培训,邀请信息化和体育领域的专家授课,不仅讲解平台功能和操作技巧,还要交流运动处方式教学的方法与经验,让体育教师充分掌握学生体质健康信息化公共服务平台的功能和运动处方式教学技能。

6.体育课程指导

制定详细的《学生体质健康信息化课程指导纲要》,并每两年进行一次修订。建立体育课程资源库,包含各种生动有趣的教学视频和课件等。定期组织全市范围的课程研讨会,邀请优秀教师分享创新教学方法。同时,选具有代表性的学校作为体育教学改革示范校,组织其他学校教师参观交流学习。

7. 数据管理与分析

设立专门的数据审核工作组,对学生体质健康数据进行严格审核和抽检。利用大数据技术构建学生体质健康动态监测系统,实时掌握数据变化。与高校合作建立数据研究中心,通过关联分析等方法发现学生体育运动与学习效率之间的潜在关系。针对一些特殊体质学生的数据进行专题研究,为其制定专门的健康计划。同时,定期将不同区域的数据进行对比,总结优秀经验并推广。

8. 监督与评估

制定详细的监督评估指标,每学期组织人员到学校进行实地检查。通过检查和数据分析发现学校在体育信息化应用方面存在的不足,及时反馈并要求整改。同时,委托专业的第三方机构进行全面评估,发放调查问卷收集学生和家长的意见,从而更加有效地促进学校对学生体质健康信息化公共服务的重视和落实。

(二)区级管理部门

1. 数据管理与协调

作为市和学校之间的桥梁,负责协调区域内各学校的数据收集、汇总和上报工作。根据市级要求制定和下发统一的数据采集标准和流程,确保各学校按照统一的方法进行数据收集,以便于数据的整合与分析。确保各校按时提交数据,并对提交的数据进行初步审核,保证数据的完整性和准确性。

2. 监督与培训

定期对辖区内学校进行体质健康数据管理的监督和指导,确保各校正确执行数据收集和管理流程。制定并实施培训计划,包括数据管理、分析工具的使用,以及体育教学活动的组织等,提升学校管理工作人员和体育教师的专业能力。

3. 数据分析与应用

使用学生体质健康信息化公共服务平台对学生数据进行分析,识别辖区内学生体质健康的发展趋势和问题,并形成分析报告供决策使用。根据数据分析结果,制定具体的改善策略和措施,并向上级教育管理部门提出合理化建议。

4.校间资源整合

整合区辖区内的体育和健康资源,为校际沟通交流提供支持和平台,如共享体育设施、教学经验、阳光体育活动等,促进辖区内学校之间的合作与交流,共同提升学生体质健康水平。

(三)学校管理部门

1.数据收集与录入

根据市、区级教育管理部门的工作安排,组织开展日常性学生体质健康数据收集工作,包括体能测试、健康检查等,将收集的数据录入到学生体质健康信息化公共服务平台中,并保证数据的全面性、时效性和准确性。

2.初步分析与报告

使用平台对校内收集的数据进行初步分析,识别学生体质健康的潜在问题,为教师和学生提供定制化运动处方,定期向区级教育管理部门上报学校的体质健康数据分析结果。

3.健康促进活动

根据体质健康数据分析结果,组织开展各项健康促进活动,如体育课程、大课间、课外体育活动、体育竞赛等。鼓励学生积极参与体育活动,提高学生的健康意识和自我管理能力。

4.家校沟通

与家长建立沟通联系机制,形成共同关注学生体质健康问题的合力,争取家长的支持和参与。通过家长会、社区活动等形式,宣传体质健康知识,养成学生的健康行为习惯。

5.加强体育教学

学校应积极充实学校体育工作内容,积极开展课内外、校内外体育活动,丰富组织形式,配合落实"双减"政策,鼓励实施课后体育专项活动,提升学生体质健康水平。

四、学生体质健康信息化公共服务的保障措施

1. 资金保障

资金充足是学生体质健康信息化公共服务平台建设和运维的物质基础,政府每年应该为平台运行划拨固定财政预算,也可以创新运营模式广泛吸纳学校或社会资金的资助。在资金分配上优先保障平台数据中心硬件设备建设和软件更新维护,并划拨固定预算用于管理人员和教师队伍培训等工作,严格资金管理,定期进行财务审计。

2. 技术保障

组建学生体质健康信息化服务运维团队,为团队成员提供开展工作的便利条件,按照国家和天津市关于政务信息系统管理要求开展平台运维和研发工作,持续丰富平台功能,不断创新数据分析策略,同时制定详细的突发事件应急响应预案,定期进行数据离线备份,强化网络安全措施,保障数据安全,定期对系统进行性能优化,确保平台高效运行。

3. 人员保障

借助市属高校的人才资源优势组建专业团队开展学生体质健康信息化公共服务平台的研究和建设工作;成立专家咨询小组,为项目推进提供专业化建议;利用高校的体育专业学生资源开展覆盖全市的体质健康测试工作和平台服务咨询工作;市、区、校各级别单位指派专门人员负责学生体质健康工作,并明确岗位职责。

4. 制度保障

制定详细的数据采集和平台使用手册,严格按照数据标准采集和使用数据。制定平台运行维护管理制度,定期进行平台巡检。建立全面的人员管理办法,明确考核指标。制定严格的数据安全制度,与相关人员签订保密协议。建立平台运行绩效评估体系,每年进行一次评估工作。设置协调沟通机制,定期召开协调会议。制定突发事件应急响应预案,并定期进行演练。

四、学生体质健康数据的安全管理

按照依法管理、保障安全的原则,制定各级管理部门和工作人员的法律责任,保护国家利益、社会公共利益和学生的合法权益。

1. 明确法律责任层级

对于市级管理部门,需对全市学生体质健康信息化公共服务工作的整体规划、政策制定和监督指导负总责。若因决策失误或监督不力导致重大安全问题或侵害个人权益事件,应承担责任。确保市级层面的数据整合、数据共享和开放符合法律法规要求,并承担管理责任。

对于区级管理部门,严格按照市级政策和要求在辖区范围内组织开展相关工作。若执行不到位或出现违规操作,应承担责任。区级管理部门对区级数据的管理和维护负责,并承担直接管理责任。

对于校级管理部门,具体负责本校学生体质健康数据的采集和使用等基础工作。若数据不准确、不完整或有违规采集行为,应承担校级领导责任。学校对本校范围内的数据安全保障措施落实情况负责,并承担管理责任。

对于工作人员来说,系统开发和维护人员要确保系统稳定、安全运行,若因技术原因导致安全漏洞或故障,则承担技术责任;数据录入和审核人员要保证数据的真实性、准确性,如有错误或违规操作,则承担操作责任;安全管理人员若未能有效防范安全风险,则承担安全保障责任。

2. 界定违法行为与处罚

市级管理部门要统筹制定详细的责任认定和追究程序,明确由谁来认定责任、依据什么标准认定以及通过什么程序来追究责任等。定期对各级管理部门和工作人员进行安全教育和考核评估,及时发现和纠正问题,从而形成一个完整的学生体质健康数据法律责任体系。在行为界定的基础上,应设定处罚梯度,根据违规违法行为的性质、危害程度等因素,设定不同程度的处罚措施。

对于各级管理部门工作人员,伪造数据、篡改数据、未经授权访问数据、故意破坏数据等情节,视为违规行为,可对涉事人员给予降级、撤职等处分,情形严重的将追究相关法律责任;未按照规定落实数据安全管理责任,导致数据泄露、丢失等,视情节轻重给予警告、罚款等处罚;对于不及时处理系统故障或安全隐患,影响学生权益和公共服务的正常开展,给予相应行政问责;私自将学生信息或数据用于商业用途或非法活动,应视为违法行为,除承担法律责任外应移交司法机关处理;违反操作规程引发系统崩溃或数据丢失等重大事故,根据后果严重程度给予警告、记过、辞退等处罚;对于因失职导致重大数据安全事件,除行政处分外,还可追究经济赔偿责任;故意违反数据安全制度造成严重后果的,应从重处罚,甚至追究法律责任。

3.完善数据安全措施

各级管理部门要确保数据收集、存储、传输、使用等全流程的安全,工作人员要严格遵守数据安全操作规范。建立严格的数据安全制度,所有学生体质健康数据必须使用特定的加密算法进行加密,且只有经过特定授权的人员才能访问。网络安全设备定期更新和维护,严格使用安全协议传输数据,对数据存储服务器进行 24 小时监控,定期对数据安全状况进行检查和审计,指定专门的管理人员负责数据安全监管工作。

4.强化培训与教育

开展面向所有管理和工作人员的数据安全培训,明确培训目标、内容、时间和人员范围,根据不同岗位和职责设计有针对性的培训计划,邀请专家开展数据安全讲座,开展数据安全知识考核,对考核不合格的工作人员进行再培训。

第八章 天津市学生体质健康数据 标准建设

研究并编制天津市学生体质健康数据标准的目的是进一步提高我市学生体质健康信息化管理水平,保障学生体质健康数据汇聚、共享和交换,保障数据的一致性和准确性,实现我市学生体质健康数据管理、系统建设和设备研发的统一规范,有效提升数据质量、厘清数据要素、打通数据孤岛、促进数据流通、释放数据价值。

本研究以国家标准和教育行业标准为基础,结合我市管理实际和前期研究成果,对学生体质健康信息化公共服务所涉及的核心数据元素进行提炼和分类,建立适用于我市所辖大中小学校的学生体质健康数据标准体系,依据元数据结构编制基础数据元素数据集,为数据建模、数据采集、数据存储和数据交换等数据处理工作提供统一的执行标准,为数据分级分类保护提供参考依据,促进形成可持续的学生体质健康信息化服务和保障运行机制。

一、数据标准的制定与管理

(一)数据标准概述

1.数据标准的定义

数据标准最早是在银行业的数据治理中开始使用的,数据标准的制定与管理一直是数据治理和信息系统建设中重要的基础性工作。结合国际国内各组织对数据标准的界定,数据标准(Data Standards)可定义为:对数据的表达、格式及定义的一致性约定,包含数据业务属性、技术属性和管理属性的统一定义。

2. 数据标准的价值

数据标准属于事前的整理和梳理工作,如果没有数据标准,则导致数据命名规范混乱、理解不一致、数据同名不同义,如果没有清晰的元数据信息,则导致数据共享难、使用难、管理难、溯源难等问题。数据标准的价值主要体现在业务、技术和管理的约束方面,如图 8-1 所示。在业务层面,通过对实体数据的标准化定义,可以解决数据不一致、不完整、不准确等问题,通过对数据的标准化定义让数据在体系内有一个全局的定义,大大减少各部门、各系统间的沟通成本。在技术层面,统一标准的数据和数据结构是系统间信息共享的基础,标准的数据模型和元数据为各系统提供规范的支撑,有效提高系统的开发实施效率。在管理层面,通过数据的标准化定义,能够明确数据的责任主体,为数据安全、数据质量提供保障。数据质量的管理很大限度上依赖于数据标准,在数据标准之上才能获得数据质量。

· 提升业务规范性和业务效率
· 降低数据不一致的沟通成本

· 促成数据共享
· 提示系统实施效率
· 提升数据质量

· 数据驱动管理
· 精准数据分析

图 8-1　数据标准的价值

3. 数据标准的管理

数据标准管理是规范数据标准的制定和实施的一系列活动,是数据资产管理的核心要素之一,对于规范数据资产管理有着至关重要的作用。在业务方面,数据标准能够明确诸多业务含义,使业务部门之间、业务和技术之间、统计指标之间统一认识与口径。在技术方面,数据标准能够帮助构建规范的物理数据模型,实现数据在跨系统间敏捷交互,减少数据清洗的工作量,便于数据融合分析。数据标准的管理主要体现在数据质量管理、主数据管理、元数据管理、数据模型管理和数据安全管理几个方面:

(1)数据质量管理

数据标准是数据质量稽核规则的主要参考依据,通过将数据质量稽核规则与数据标准关联,一方面可以实现字段级的数据质量校验,另一方面也可以直接构建较为通用的数据质量稽核规则体系,确保规则的全面性和可用性。

(2)主数据管理

主数据是数据在特定应用场景下的一种展现方式,主要活动是提取核心数据并明确核心数据的唯一来源,因此,对于学生体质健康信息数据的数据标准而言,核心工作是研究主数据的数据标准。

(3)元数据管理

当将元数据管理的对象定义为结构化数据时,元数据管理主要指对结构化数据及其相关信息的管理,数据标准作为结构化数据相关信息的一部分,也是元数据管理的主要内容,具体体现为数据标准与结构化数据的关系映射。当将元数据管理的对象定义为数据标准体系时,元数据管理主要指对数据标准的分类、数据项及其属性、数据项属性规则等方面的管理。

(4)数据模型管理

当数据标准的对象包含实体、属性和关系及其相关规则时,数据标准可作为数据模型管理的标准,用于数据库、数据仓库等系统的数据模型构建依据,也可作为构建概念数据模型和逻辑数据模型的业务参考。

(5)数据安全管理

数据标准可包含敏感业务数据的对象和属性,从而体现对数据安全管理相关规则的定义。

4.数据标准的分类

按照 DCMM 数据管理能力成熟度模型的分类,数据标准可分为:业务术语标准、参考数据和主数据标准、元数据标准和指标数据标准五类。参照国家和教育部制定的相关标准及工作要求,学生体质健康数据标准主要包含指标类数据标准、诊断类数据标准、处方类数据标准和基础信息类数据标准。

（二）数据标准制定

1.标准制定原则

标准制定是指在完成标准分类规划的基础上,定义数据标准及相关规则。数据标准的定义主要指数据元及其属性的确定。随着学生体质健康信息化公共服务功能的不断拓展和延伸,需要科学合理地开展数据标准的定义工作,以确保数据标准的可持续性发展。

数据标准的定义应遵循共享性、唯一性、稳定性、可扩展性、前瞻性、可行性六大原则:

（1）共享性

数据标准定义的对象是具有共享和交换需求的数据。同时,作为全市学生体质健康信息化公共服务体系共同遵循的准则,数据标准并不是为特定部门服务的,它所包含的定义内容应具有跨部门的共享特性。

（2）唯一性

标准的命名、定义等内容应具有唯一性和排他性,不允许同一层次下标准内容出现二义性。

（3）稳定性

数据标准需要保证其权威性,不应频繁进行修订或删除,应在特定范围和时间区间内保持一定的稳定性。

（4）可扩展性

数据标准并非一成不变的,业务功能和环境的发展变化可能会触发标准定义的变更,因此数据标准应具有可扩展性,可以以模板的形式定义初始的数据标准,模板由各模块组成,模板部分模块的变化不会影响其余模块的变化,以方便模板的维护更新。

（5）前瞻性

数据标准定义应积极借鉴相关国际标准、国家标准、行业标准和规范，并充分参考同行业的先进实践经验，使数据标准能够充分体现学生体质健康信息化公共服务的未来发展方向。

（6）可行性

数据标准应依托于实际现状，充分考虑业务改造风险和技术实施风险，并能够指导建设方和使用方将数据标准在业务、技术、操作、流程、应用等各个层面的落地实施。

2. 标准制定流程

数据标准的来源非常丰富，有国家、教育部的推荐性标准、行业的通用标准、专家的实践经验等，同时也必须兼顾我市学生体质健康数据的内部现状。通过资料收集、访谈调研、分析评估等工作流程，梳理工作中的业务、数据项、代码等信息，最终形成适用于我市学生体质健康信息化公共服务工作的数据标准，并对标准进行发布和公示。随着标准的落地和实施，根据信息化建设的持续发展，不断对标准进行演进和变更。天津市学生体质健康数据标准的制定流程如图8－2所示。

学生体质健康数据标准

图8－2　数据标准制定流程

（三）数据标准发布

数据标准的审核发布工作是保证数据标准可用性、易用性的关键环节。在数据标准定义工作初步完成后,数据标准需征询数据管理部门、数据使用部门以及相关业务部门的意见,在完成意见分析和标准修订后,进行标准发布。

标准审核发布的主要流程包括征询、审核、正式发布等三个过程:

（1）征询

征询工作是指对拟定的数据标准初稿进行宣介和培训,同时广泛收集数据管理部门、业务部门、开发部门的意见,减小数据标准不可用、难落地的风险。

（2）审核

审核工作是指在数据标准意见征询的基础上,对数据标准进行修订和完善,同时上报数据标准管理部门进行审议的过程,以提升数据标准的专业性和权威性。

（3）发布

发布工作是指数据标准管理部门,组织各相关业务单位对数据标准进行会签,并报送数据标准决策机构,最终完成面向社会和各行业正式发布数据标准的过程。

（四）数据标准维护

数据标准并非一成不变,而是随着业务的发展变化以及数据标准执行效果而不断更新和完善的。

（1）维护初期

首先需要完成需求收集、需求评审、变更评审、发布等多项工作,并对所有的修订进行版本管理,以使数据标准"有迹可循",便于数据标准体系和框架维护的一致性。其次,制定数据标准运营维护基本原则,遵循数据标准管理工作的组织结构与策略流程,最终实现数据标准的正常维护。

（2）维护中期

主要完成数据标准的日常维护与定期维护工作。日常维护是指根据业务的变化,常态化开展数据标准维护工作,比如增加业务系统功能时,应及时增加相应数据标准;当数据对象撤销时,应及时废止相应数据标准。定期维护是指对发布的数据标准定期进行标准审查,以确保数据标准的持续实用性。通常来说,定期维护的周期一般为一年或两年。

(3)维护后期

应重新制定数据标准在各业务部门、各系统的落地方案,并制定相应的落地计划。在数据标准体系下,由于增加或更改数据标准分类而使数据标准体系发生变化的,或在同一数据标准分类下,因业务拓展而新增加的数据标准,应遵循数据标准发布的相关规定。

(五)数据标准管理的保障措施

1.组织架构保障

遵循数据资产管理相关规定,并依据数据标准管理所涉及的不同工作职责,以推动全市学生体质健康数据标准化管理为目标,成立由管理单位、制定单位和使用单位组成的数据标准管理组织架构。管理单位的主要职责为:对数据标准建设工作进行统一规划和领导;确定数据标准管理范畴,制定标准管理相关制度、规范或办法;组织数据标准的审核工作,对外正式发布数据标准。制定单位的主要职责为:组织专业团队开展标准征询工作,研究制定相关数据标准,提供数据标准使用流程,为使用单位提供标准使用服务;建立数据标准管理和评价机制,对标准执行情况进行跟踪、检查和分析,定期组织开展标准检查和维护更新工作;解决编制和推进数据标准落地实施工作中的各类具体技术问题。使用单位的主要职责为:遵循数据标准和管理要求开展相关工作,积极配合制定单位完成数据标准制定工作;严格按照数据标准使用和审核业务数据,确保信息系统数据与标准的一致性;对本单位产生的数据质量负责,对数据核查中出现的数据问题进行更正和修改。

2.制度保障

制定开展数据标准管理所需的一系列规章制度,一般包括管理办法和技术文件等。管理办法主要由管理目标、管理职责和管理流程等组成,还可包含开展工作的相关机制,如沟通汇报机制、审核机制、考核机制等。技术文件主要是指制定和使用数据标准的具体操作流程和规范,以及相关配套文件模板。

二、学生体质健康元数据结构

(一)元数据概述

1.元数据的概念

元数据是描述具体的信息资源对象的数据,并能对该对象进行识别和管理,实现信息资源的有效发现与获取。数据是客观事物的符号记录,是信息的可再处理和解释的形式化表示,以适应数据的通信、解释或处理,而元数据是用来描述数据的数据,是对数据的更高层级抽象,是认识和管理数据的一种媒介和途径,其使用目的是识别数据、描述数据、评价数据、追踪数据等,实现数据资源的有效发现、理解、组织和管理。数据反映了真实世界的对象、事件、活动和联系,而元数据则反映了数据的结构、特征和关系。

元数据包含业务元数据、技术元数据和管理元数据三类,其中,业务元数据主要包含业务的定义、术语、规则和指标等信息;技术元数据主要包含存储位置、数据库表、数据关系、SQL 脚本、ETL 脚本、索引等信息;管理元数据主要包含数据所有者、数据来源、安全等级、数据定级等信息。本研究所述学生体质健康元数据是指业务元数据,即从业务角度制定的元数据。

2.元数据的作用

元数据设计是学生体质健康数据标准体系建设中非常重要的一部分,它涉及描述数据的数据,即数据的结构、关系、约束和其他特性。元数据设计的目标是定义和管理数据,以便确保数据的一致性、可靠性和有效性。研究学生体质健康元数据,探索其内容结构、句法结构和语义结构,对数据资源进行识别和评价,对数据的权利和义务进行分析,追踪数据在使用过程中的变化,有利于简单高效地管理海量结构化学生体质健康数据,实现对数据资源的有效发现、查找、一体化组织和规范化使用。

通过统一定义的元数据,可以避免数据孤岛现象,提高数据的可访问性和可管理性,从而提高数据管理效率。元数据定义了数据的属性和关系,使得不同系统和应用程序之间可以更容易地共享和交换数据,从而促进数据共享和交换。元数据可以帮助人们更好地理解和利用数据,从而提高数据的质量和可靠性。例如,通过元数据定义数据来源和历史纪录,可以更好地追溯数据来源,避免数据重复和不一致等情况。元数据管理可以帮助管理者更好地管理数据资产,从而降低数据治理成本,提高数据治理的效率和效果。

3.元数据的制定方法

通常采用元数据建模的方式统一定义元数据。通过建立元数据模型来描述数据的属性、关系和结构,以及数据的来源、用途和安全性等信息,经数据分析明确元数据所描述的数字对象以及相关的需求。在数据建模基础上,用属性提取来分析每一个数据实体的属性及其管理、描述、应用的功能需求,就可以得到每个数据实体的元数据描述。只要为所需要描述和管理的元数据元素在其他一种或几种通用元数据规范中找到对应的实体,那么元数据元素便可取自一个或多个命名域,并且可以自定义编码规则或引用相关编码体系。

4.元数据的管理

当将元数据管理的对象定义为结构化数据时,元数据管理主要指对结构化数据及其相关信息的管理,数据标准作为结构化数据相关信息的一部分,也是元数据管理的主要内容,其核心任务是明确数据标准与结构化数据的关系映射。当将元数据管理的对象定义为数据标准体系时,元数据管理主要指对数据标准分类、数据项及其属性、数据项属性规则等的管理。本研究将元数据管理的对象定义为数据标准体系。

5.数据质量控制

权威的元数据对学生体质健康数据质量管理有着至关重要的作用,需要进行顶层、全面和统一的规划与管理。在元数据对数据质量的控制过程中,管理者要在全市或更高的维度上进行整体规划和布局,使"谁产生、谁维护"的原则落到实处,避免造成重复建设、重复维护,确保数据权责明晰,避免数据冗余或错误,为规范学生体质健康信息化公共服务平台建设打下良好基础。

学生体质健康信息化公共服务过程中,每个业务节点都有相应的业务流程来协助各级管理部门、学校和教师进行常规的管理工作,每个业务节点都应遵照数据标准和规范生产业务数据,进而形成全局数据库,之后再以全局数据库为基础建设相应的历史数据库再到数据仓库。数据在不断地产生和流转,环节颇多,所有流程的运行状况、运行日志、数据合规性都需要遵循元数据的规定。

(二)元数据结构

元数据通常采用类似于关系型数据库的二维表结构进行表示和存储,表中每一行即为一个数据元素,也称为元数据实例,是事物或对象某一个数据特征的完整描述;表中每一列即为一个数据项,描述了数据元素的某一类具体属性,所有数据项的组合则形成了元数据结构。数据元素是元数据的具体内容,数据项是元数据的组织结构,那么某一事物或对象的元数据则可以理解为具有相同元数据结构的若干数据元素的集合,也称为元数据集(简称"数据集"),

参照国家和教育行业相关标准,本研究制定了由 7 个数据项组成的天津市学生体质健康元数据结构,各数据项的具体定义如下:

(1)编号:数据元素的唯一标识。

(2)名称:数据元素的语义表示,可采用中文简称、中文简称的汉语拼音大写首字母、英文单词组合、字母数字排列等形式,该数据项可转化为实际数据库表结构中的字段名。

(3)约束:对数据元素约束状态的描述,字母"M"表示该数据元素为事物或对象的"必备"特征;字母"O"表示该数据元素为事物或对象的"可选"特征。

(4)数据类型:由某一类数值组成的数据元素的数据特性,用于描述数据元素值所具有的共同特点以及所能施加的相关操作,该数据项可转化为实际数据库表结构中的字段类型。涉及学生体质健康数据元素的数据类型及可能的取值如表 8-1 所列。

表 8－1　学生体质健康数据元素的数据类型

类型	表示	说明
字符型 （string）	C	以字符形式表达的数据元素值的类型,可用于表达字母、数字、汉字和其他字符形式,采用 GB18030 中规定的字符
数值型 （numeric）	N	以任意实数形式表达的数据元素值的类型
日期型 （date）	D	以日期和时间形式表达的数据元素值的类型,例如以 YYYYMMDDhhmm 的形式表达
二进制类型 （binary）	B	以二进制编码形式表达的数据元素值的类型

（5）数据格式:从实际角度规定的数据元素值格式需求,包括所允许的最大或（和）最小字符长度、数据元素值的表示形式等。数据格式中使用的字符含义如下:

①字母"a"表示字符;

②字母"n"表示十进制数值;

③字母"a"或"n"之后的自然数表示定长个字符（一个汉字占 2 个字符）或数值的最大位数。例如,学籍号数据格式"a19"表示学籍号为固定 19 个字符,肺活量数据格式"n4"表示肺活量测试成绩应为 1 万以内的整数;

④字符串"..ul"表示字符长度不确定;

⑤用逗号","隔开的两个自然数"p,q"表示数值具有最多 p 个整数位和 q 个小数位,例如;50 米跑数据格式"n2,1"表示 50 米跑测试以成绩应为保留 1 位小数位的 100 以内实数;

⑥用双点号".."连接的两个自然数"p..q"表示字符的长度范围,p 为最小长度,q 为最大长度,若 p 为 0 则可省略。例如,学生姓名数据格式"a..50"表示姓名最多由 50 个字符或 25 个汉字组成;

⑦字母"n"之前的负号"－"表示该数值允许有负值;

⑧字符串"YYYYMMDDhhmm"中的"YYYY"表示年份,"MM"表示月份,"DD"表示日期,"hh"表示小时,"mm"表示分钟,可视实际情况组合使用。

(6)值域:根据数据类型和数据格式而决定的数据元素的允许值集合。值域可不作要求或通过以下方式给出:

①通过参考和引用相关标准;

②通过文字描述给出值域的限制;

③通过——列举的方式给出所有可能的取值,以及每个值对应的实例或含义;

④通过规则间接给出。

(7)说明:数据元素的其他解释或举例。

三、学生体质健康数据集

数据集是一组相关数据元素的集合,为了层次清晰、减少冗余有些数据集可以包含子数据集。数据集在表现形式上类似于数据库中数据表的结构,在内容上类似于数据库设计中的实体属性集,在实际应用中不能简单地将数据集转化为数据表的物理结构,还应依据数据库设计原则和实体之间的关系以及所选数据库的技术特性进行深化设计。

根据天津市学生体质健康基础数据的类型、层级和作用,在归类和汇总后将其划分为以下 8 个核心数据集:

(1)指标数据集:评价指标和诊断指标的基本信息;

(2)评分标准数据集:《标准》中规定的测试项目评分标准信息;

(3)评价诊断数据集:学生的各项体质健康评价诊断结果基本信息;

(4)运动处方数据集:运动处方基本信息;

(5)体育工作数据集:中小学校体育工作评估数据信息。

(6)学校数据集:学校基本信息;

(7)班级数据集:班级基本信息;

(8)师生数据集:学生和教师等人员基本信息。

（一）指标数据集及用法

指标数据集描述了对学生进行体质健康评价和诊断所用到的指标类元数据信息,如表8-2所列。

表8-2 指标数据集

编号	名称	约束	数据类型	数据格式	值域	说明
1.1	指标标识码	M	C	a..ul		指标的唯一标识,自行编码
1.2	指标码	M	C	a3	表8-3 指标代码	1位类型码+2位序号
1.3	名称	M	C	a20		指标的实际名称
1.4	级别	M	C	a1	0,1,2	0:综合指标;1:一级指标;2:二级指标
1.5	类型	M	C	a1	0,1,2,3,4	0:无类型;1:身体形态;2:身体机能;3:身体素质;4:视力
1.6	体系	M	C	a1	1,2,3,4	指标的体系划分。1:通用指标;2:评价指标;3:诊断指标;4:视力指标
1.7	权重	M	N	n1,2		表4-1、4-2、4-3、4-4、5-6确定的各年级指标权重
1.8	年级	M	C	a2..50	表8-4 年级代码	指标对应的学生年级,多个年级之间用"|"分割 例如:50米×8往返跑的适用年级为"15|16"
1.9	性别	M	C	a1	0,1,2	指标对应的学生性别。0:不限;1:男生;2:女生
1.10	属性	M	C	a1	0,1,2,3	0:区间指标;1:正向指标;2:反向指标;3:无属性
1.11	标准	M	C	a1	0,1	指标是否含有评分标准。0:无;1:有

续表

编号	名称	约束	数据类型	数据格式	值域	说明
1.12	附加	M	C	a1	0,1	指标是否含有附加评分标准。0:无;1:有
1.13	单位	M	C	a..10		指标的计量单位
1.14	小数位	M	N	n1		指标数值保留的小数位数

指标数据集中,指标级别分为一级指标和二级指标;指标类型分为身体形态、身体机能和身体素质三类;指标体系分为通用指标、评价指标和诊断指标三类,通用指标是指既能用于评价体系又能用于诊断体系的指标;二级指标的权重是指组合权重;指标的年级是指该指标可用于哪个年级学生,多个年级之间用"|"分割表示;指标的附加是指个别指标由于成绩优秀超出评分表范围而得到的额外加分,其中跳绳、1 分钟仰卧起坐、引体向上、1000 米跑和 800 米跑含有附加分;指标的属性是指指标优势值的趋势,具体可分为:

(1)正向指标,即指标数值越大越好,以数量、距离为测试结果的指标属于该类型,例如:肺活量、坐位体前屈、跳绳、仰卧起坐、立定跳远和引起向上;以分数为结果的指标也属于该类型,例如身体素质类诊断指标。

(2)反向指标,即指标数值越小越好,以时间为测试结果的指标属于该类型,例如:50 米跑、50 米×8 往返跑、1000 米跑、800 米跑。

(3)区间指标,即指标数值以固定区间为最佳,两侧对称依次递减。例如,BMI 身高标准体重。

指标码是对指标进行规范引用的一种代码表示形式,在数据库中指标代码便于存储和更新维护。为了便于后期扩展,指标码由 1 位类型码 + 2 位数字顺序码组成,如表 8-3 所列。根据实际需求和后续研究的深入,新的指标可在现有指标编码基础上按顺序依次增加。

表 8 – 3　指标代码表

代码	指标名称	代码	指标名称
000	综合指标	309	800 米跑
100	身体形态	311	力量
101	身高	312	速度
102	体重	313	耐力
103	BMI 指数	314	柔韧
200	身体机能	315	灵敏
201	肺活量	400	视力
300	身体素质	401	左眼裸眼视力
301	50 米跑	402	左眼屈光球镜 S
302	坐位体前屈	403	左眼屈光柱镜 C
303	1 分钟跳绳	404	左眼屈光轴位 A
304	1 分钟仰卧起坐	405	右眼裸眼视力
305	50 米 ×8 往返跑	406	右眼屈光球镜 S
306	立定跳远	407	右眼屈光柱镜 C
307	引体向上	408	右眼屈光轴位 A
308	1000 米跑	409	角膜塑形

在实际数据库应用中,需要特别注意指标码与指标标识码的区别,由于某一指标在不同年级和性别学生中有权重的区分,导致某一指标会产生多条数据记录,因此,指标码不是指标记录的唯一性标识,而指标标识码才可用于指标记录的唯一标识。指标标识码可根据实际情况在保证唯一性的前提下自行编制。

年级代码如表 8 – 4 所列,由 2 位数字字符组成,第 1 位为学段代码,小学阶段代码为"1",初中阶段代码为"2",高中阶段代码为"3",大学阶段代码为"4",第 2 位为年级顺序码。"00"代表了所有年级,研究生以上的年级不再细分,统一用"50"表示。

表 8－4　年级代码表

代码	年级	代码	年级
00	所有年级	23	初中 3 年级
11	小学 1 年级	31	高中 1 年级
12	小学 2 年级	32	高中 2 年级
13	小学 3 年级	33	高中 3 年级
14	小学 4 年级	41	大学 1 年级
15	小学 5 年级	42	大学 2 年级
16	小学 6 年级	43	大学 3 年级
21	初中 1 年级	44	大学 4 年级
22	初中 2 年级	50	研究生以上

　　根据表 8－2 制定的指标数据集和表 8－3、8－4 确定的编码规范,表 8－5 给出了学生体质健康指标在数据库中的实际存储数据。由于不同年级有权重差异、不同性别有指标差异,在数据库中个别指标就会产生多条记录,因此,本研究的指标标识码采用了"指标码＋1 位数字"的方式进行编制,1 位数字表示同一指标在数据表中出现的次序。由于表 5－6 确定的学生体质健康诊断模型中身体素质类诊断指标的组合权重为 5 位小数并且总和为 0.7,为了便于计算对其进行了四舍五入处理,为保证指标总和不变,根据不同年级身体素质诊断的侧重对四舍五入后的个别指标权重进行了细微调整。

表 8－5　数据库存储的指标数据记录

指标标识码	指标码	名称	级别	类型	体系	权重	年级	性别	属性	标准	附加	单位	小数位
0001	000	综合指标	0	0	2	1	00	0	3	0	0	分	1
0002	000	综合指标	0	0	3	1	00	0	3	0	0	分	1
1001	100	身体形态	1	1	1	0.15	00	0	3	0	0	分	1

指标标识码	指标码	名称	级别	类型	体系	权重	年级	性别	属性	标准	附加	单位	小数位
2001	200	身体机能	1	2	1	0.15	00	0	3	0	0	分	1
3001	300	身体素质	1	3	2	0.7	00	0	3	0	0	分	1
3002	300	身体素质	1	3	3	0.7	00	0	3	0	0	分	1
4001	400	视力	1	4	4	0	00	0	3	0	0	−	1
1011	101	身高	2	1	1	0	00	0	3	0	0	厘米	0
1021	102	体重	2	1	1	0	00	0	3	0	0	千克	1
1031	103	BMI 指数	2	1	1	0.15	00	0	0	1	0	千克/米^2	1
2011	201	肺活量	2	2	1	0.15	00	0	1	1	0	毫升	0
3011	301	50 米跑	2	3	2	0.2	00	0	2	1	0	秒	1
3021	302	坐位体前屈	2	3	2	0.3	11|12	0	1	1	0	厘米	1
3022	302	坐位体前屈	2	3	2	0.2	13|14	0	1	1	0	厘米	1
3023	302	坐位体前屈	2	3	2	0.1	15|16|21|22|23|31|32|33|41|42|43|44|50	0	1	1	0	厘米	1
3031	303	1 分钟跳绳	2	3	2	0.2	11|12|13|14	0	1	1	1	个	0
3032	303	1 分钟跳绳	2	3	2	0.1	15|16	0	1	1	1	个	0
3041	304	1 分钟仰卧起坐	2	3	2	0.1	13|14	0	1	1	0	次	0
3042	304	1 分钟仰卧起坐	2	3	2	0.2	15|16	0	1	1	0	次	0

指标标识码	指标码	名称	级别	类型	体系	权重	年级	性别	属性	标准	附加	单位	小数位
3043	304	1分钟仰卧起坐	2	3	2	0.1	21|22|23|31|32|33|41|42|43|44|50	2	1	1	1	次	0
3051	305	50米×8往返跑	2	3	2	0.1	15|16	0	2	1	0	秒	1
3061	306	立定跳远	2	3	2	0.1	21|22|23|31|32|33|41|42|43|44|50	0	1	1	0	厘米	0
3071	307	引体向上	2	3	2	0.1	21|22|23|31|32|33|41|42|43|44|50	1	1	1	1	个	0
3081	308	1000米跑	2	3	2	0.2	21|22|23|31|32|33|41|42|43|44|5(50)	1	2	1	1	秒	0
3091	309	800米跑	2	3	2	0.2	21|22|23|31|32|33|41|42|43|44|50	2	2	1	1	秒	0
3111	311	力量	2	3	3	0.04	11|12	0	1	0	0	分	1
3121	312	速度	2	3	3	0.19	11|12	0	1	0	0	分	1
3131	313	耐力	2	3	3	0.03	11|12	0	1	0	0	分	1
3141	314	柔韧	2	3	3	0.31	11|12	0	1	0	0	分	1
3151	315	灵敏	2	3	3	0.13	11|12	0	1	0	0	分	1
3112	311	力量	2	3	3	0.09	13|14	0	1	0	0	分	1
3122	312	速度	2	3	3	0.22	13|14	0	1	0	0	分	1
3132	313	耐力	2	3	3	0.03	13|14	0	1	0	0	分	1

指标标识码	指标码	名称	级别	类型	体系	权重	年级	性别	属性	标准	附加	单位	小数位
3142	314	柔韧	2	3	3	0.19	13|14	0	1	0	0	分	1
3152	315	灵敏	2	3	3	0.17	13|14	0	1	0	0	分	1
3113	311	力量	2	3	3	0.19	15|16	0	1	0	0	分	1
3123	312	速度	2	3	3	0.2	15|16	0	1	0	0	分	1
3133	313	耐力	2	3	3	0.09	15|16	0	1	0	0	分	1
3143	314	柔韧	2	3	3	0.12	15|16	0	1	0	0	分	1
3153	315	灵敏	2	3	3	0.1	15|16	0	1	0	0	分	1
3114	311	力量	2	3	3	0.1	21|22|23|31|32|33|41|42|43|44|50	0	1	0	0	分	1
3124	312	速度	2	3	3	0.19	21|22|23|31|32|33|41|42|43|44|50	0	1	0	0	分	1
3134	313	耐力	2	3	3	0.19	21|22|23|31|32|33|41|42|43|44|50	0	1	0	0	分	1
3144	314	柔韧	2	3	3	0.12	21|22|23|31|32|33|41|42|43|44|50	0	1	0	0	分	1
3154	315	灵敏	2	3	3	0.1	21|22|23|31|32|33|41|42|43|44|50	0	1	0	0	分	1
4011	401	左眼裸眼视力	2	4	4	0	11|12|13|14|15|16|21|22|23|31|32|33	0	3	0	0	–	1

续表

指标 标识码	指标 码	名称	级别	类型	体系	权重	年级	性别	属性	标准	附加	单位	小数位
4021	402	左眼 屈光球镜 S	2	4	4	0	11|12|13|14| 15|16|21|22| 23|31|32|33|	0	3	0	0	D	1
4031	403	左眼 屈光柱镜 C	2	4	4	0	11|12|13|14| 15|16|21|22| 23|31|32|33|	0	3	0	0	D	1
4041	404	左眼 屈光轴位 A	2	4	4	0	11|12|13|14| 15|16|21|22| 23|31|32|33|	0	3	0	0	D	1
4051	405	右眼 裸眼视力	2	4	4	0	11|12|13|14| 15|16|21|22| 23|31|32|33|	0	3	0	0	–	1
4061	406	右眼 屈光球镜 S	2	4	4	0	11|12|13|14| 15|16|21|22| 23|31|32|33|	0	3	0	0	D	1
4071	407	右眼 屈光柱镜 C	2	4	4	0	11|12|13|14| 15|16|21|22| 23|31|32|33|	0	3	0	0	D	1
4081	408	右眼 屈光轴位 A	2	4	4	0	11|12|13|14| 15|16|21|22| 23|31|32|33|	0	3	0	0	D	1
4091	409	角膜塑形	2	4	4	0	11|12|13|14| 15|16|21|22| 23|31|32|33|	0	3	0	0	–	1

在对学生体质健康评价和诊断中,身高、体重和视力相关指标仅用于记录学生的实际测量值,暂未纳入评价和诊断分析体系计算中,因此该指标的权重值在实际数据表中均用数值 0 表示。

下面通过具体实例说明指标数据表是如何使用的。例如,要评价一名初中 2 年级男生的体质健康状况,使用的二级评价指标查询条件为:等级 ="2",体系 ="0"或"1",年级包含"22"或为"00",性别 ="1",对应的 SQL 查询语句为:

SELECT　　＊

FROM　　　指标数据表

WHERE　　等级 ="2" AND（体系 ="1" OR 体系 ="0"）AND（年级 Like "＊22＊" OR 年级 ="00"）

　　　　　　AND（性别 ="1" OR 性别 ="0"）

查询语句中的"＊"是 Like 运算的通配符,查询结果如表 8 － 6 所列。

表 8 － 6　初中 2 年级男生二级指标查询结果

指标标识码	指标码	名称	级别	类型	体系	权重	年级	性别	属性	标准	附加	单位	小数位
1011	101	身高	2	1	1	0	00	0	3	0	0	厘米	0
1021	102	体重	2	1	1	0	00	0	3	0	0	千克	1
1031	103	BMI 指数	2	1	1	0.15	00	0	0	1	0	千克/米^2	1
2011	201	肺活量	2	2	1	0.15	00	0	1	1	0	毫升	0
3011	301	50 米跑	2	3	2	0.2	00	0	2	1	0	秒	1
3023	302	坐位体前屈	2	3	2	0.1	15|16|21|22|23|31|32|33|41|42|43|44|50	0	1	1	0	厘米	1

续表

指标标识码	指标码	名称	级别	类型	体系	权重	年级	性别	属性	标准	附加	单位	小数位
3061	306	立定跳远	2	3	2	0.1	21|22|23|31|32|33|41|42|43|44|50	0	1	1	0	厘米	0
3071	307	引体向上	2	3	2	0.1	21|22|23|31|32|33|41|42|43|44|50	1	1	1	1	个	0
3081	308	1000米跑	2	3	2	0.2	21|22|23|31|32|33|41|42|43|44|50	1	2	1	1	秒	0

（二）评分标准数据集及其用法

评分标准数据集描述了《标准》确定的11个测试项目的评分标准类元数据信息，如表8-7所列。其中，标准值和分值允许负值，例如，坐位体前屈标准值和BMI的低体重分值。评分标准的等级是可选数据元素，其值既可在评分标准表中查询获得，也可根据第四章第四节确定的等级评价算法计算获得，本研究采用的是计算法获得评价等级。

表8-7　评分标准数据集

编号	名称	约束	数据类型	数据格式	值域	说明
2.1	指标码	M	C	a3	表8-3 指标代码	引用表8-2的指标码
2.2	性别	M	C	a1	1,2	评分标准值对应的性别。1:男生;2:女生

编号	名称	约束	数据类型	数据格式	值域	说明
2.3	年级	M	C	a2..50	表8-4 年级代码	评分标准值对应的年级,多个年级之间用"|"分割
2.4	附加	M	C	a1		是否为附加分评分标准。0:否;1:是
2.5	标准值	M	N	-n4,1		《标准》制定的各测试项目评分标准值
2.6	分值	M	N	-n2		评分标准值对应的百分制分数
2.7	等级	O	C	a4..6	正常、低体重、超重、肥胖、优秀、良好、及格、不及格	评分标准值对应的评价等级

由于数据库中评分标准记录内容较多,在此不再详细列举所有评分标准,下面以区间指标 BMI 和反向指标 50 米跑的评分标准为例,介绍评分标准数据集及其数据库表的使用方法。

1.区间指标 BMI 评分标准表的应用

依据表8-7评分标准数据集,表8-8给出了 BMI 评分标准在数据库中的实际存储数据。对于不同性别、不同年级的 BMI 评分标准由 3 个标准值组成:第 1 个标准值为正常区间的最小边界值,表示当实测值小于该值时得 -80 分,对应等级为"低体重";第 2 个标准值为正常区间的最大边界值,表示当实测值大于等于第 1 个标准值并且小于该值时得 100 分,对应等级为"正常";第 3 个标准值为超出正常区间最大边界后的肥胖临界值,表示当实测值大于等于第 2 个标准值并小于该值时得 80 分,对应等级为"超重",大于等于该值时得 60 分,对应等级为"肥胖"。

表 8 – 8　数据库存储的 BMI 评分标准数据记录

指标码	性别	年级	附加	标准值	分值	指标码	性别	年级	附加	标准值	分值
103	1	11	0	13.5	– 80	103	2	11	0	13.3	– 80
103	1	11	0	18.2	100	103	2	11	0	17.4	100
103	1	11	0	20.4	80	103	2	11	0	19.3	80
103	1	12	0	13.7	– 80	103	2	12	0	13.5	– 80
103	1	12	0	18.5	100	103	2	12	0	17.9	100
103	1	12	0	20.5	80	103	2	12	0	20.3	80
103	1	13	0	13.9	– 80	103	2	13	0	13.6	– 80
103	1	13	0	19.5	100	103	2	13	0	18.7	100
103	1	13	0	22.2	80	103	2	13	0	21.2	80
103	1	14	0	14.2	– 80	103	2	14	0	13.7	– 80
103	1	14	0	20.2	100	103	2	14	0	19.5	100
103	1	14	0	22.7	80	103	2	14	0	22.1	80
103	1	15	0	14.4	– 80	103	2	15	0	13.8	– 80
103	1	15	0	21.5	100	103	2	15	0	20.6	100
103	1	15	0	24.2	80	103	2	15	0	23.0	80
103	1	16	0	14.7	– 80	103	2	16	0	14.2	– 80
103	1	16	0	21.9	100	103	2	16	0	20.9	100
103	1	16	0	24.6	80	103	2	16	0	23.7	80
103	1	21	0	15.5	– 80	103	2	21	0	14.8	– 80
103	1	21	0	22.2	100	103	2	21	0	21.8	100
103	1	21	0	25.0	80	103	2	21	0	24.5	80
103	1	22	0	15.7	– 80	103	2	22	0	15.3	– 80
103	1	22	0	22.6	100	103	2	22	0	22.3	100
103	1	22	0	25.3	80	103	2	22	0	24.9	80
103	1	23	0	15.8	– 80	103	2	23	0	16.0	– 80

指标码	性别	年级	附加	标准值	分值	指标码	性别	年级	附加	标准值	分值
103	1	23	0	22.9	100	103	2	23	0	22.7	100
103	1	23	0	26.1	80	103	2	23	0	25.2	80
103	1	31	0	16.5	−80	103	2	31	0	16.5	−80
103	1	31	0	23.3	100	103	2	31	0	22.8	100
103	1	31	0	26.4	80	103	2	31	0	25.3	80
103	1	32	0	16.8	−80	103	2	32	0	16.9	−80
103	1	32	0	23.8	100	103	2	32	0	23.3	100
103	1	32	0	26.6	80	103	2	32	0	25.5	80
103	1	33	0	17.3	−80	103	2	33	0	17.1	−80
103	1	33	0	23.9	100	103	2	33	0	23.4	100
103	1	33	0	27.4	80	103	2	33	0	25.8	80
103	1	41|42|43|44|50	0	17.9	−80	103	2	41|42|43|44|50	0	17.2	−80
103	1	41|42|43|44|50	0	24.0	100	103	2	41|42|43|44|50	0	24.0	100
103	1	41|42|43|44|50	0	28.0	80	103	2	41|42|43|44|50	0	28.0	80

　　下面通过具体实例说明 BMI 评分标准表是如何使用的。例如,已知一名初中二年级男生的 BMI 测试值,计算其评分结果。首先从数据库中获取该生对应的评分标准值,使用的查询条件为:指标码 = "103",性别 = "1",年级 = "22",并且查询结果按照标准值由小到大升序排序,对应的 SQL 查询语句为:

SELECT　　标准值

FROM　　评分标准表

WHERE　　指标码 = "103" AND 年级 = "22" AND 性别 = "1" ORDER BY

标准值 ASC

查询语句执行后获得的 3 个评分标准值依次为:15.7、22.6 和 25.3,然后编写程序进行计算,基本逻辑思路如下:

If BMI 值 < 15.7 Then

    BMI 评分 = -80,BMI 等级 = "低体重"

ElseIf BMI 值 < 22.6 Then

    BMI 评分 = 100,BMI 等级 = "正常"

ElseIf BMI 值 < 25.3 Then

    BMI 评分 = 80,BMI 等级 = "超重"

Else

    BMI 评分 = 60,BMI 等级 = "肥胖"

End If

2. 反向指标 50 米跑评分标准表的应用

《标准》中对于不同性别、不同年级的 50 米跑评分标准由 20 个标准值组成,标准值越小得分越高。下面通过具体实例说明 50 米跑评分标准表的具体用法。例如,已知一名初中 2 年级男生的 50 米跑测试值,计算其评分结果。首先从数据库中获取对应的评分标准值和分值,使用的查询条件为:指标码 = "301",性别 = "1",年级 = "22",并且查询结果按照得分由小到大升序排序,对应的 SQL 查询语句为:

SELECT   标准值,分值

FROM   评分标准表

WHERE   指标码 = "301" AND 年级 = "22" AND 性别 = "1" ORDER BY

          分值 ASC

执行查询语句后获得的对应评分标准值和分值如表 8 - 9 所列。

表8-9　数据库存储的初二男生50米跑评分标准数据记录

指标码	性别	年级	附加	标准值	分值
301	1	22	0	10.9	10
301	1	22	0	10.7	20
301	1	22	0	10.5	30
301	1	22	0	10.3	40
301	1	22	0	10.1	50
301	1	22	0	9.9	60
301	1	22	0	9.7	62
301	1	22	0	9.5	64
301	1	22	0	9.3	66
301	1	22	0	9.1	68
301	1	22	0	8.9	70
301	1	22	0	8.7	72
301	1	22	0	8.5	74
301	1	22	0	8.3	76
301	1	22	0	8.1	78
301	1	22	0	7.9	80
301	1	22	0	7.8	85
301	1	22	0	7.7	90
301	1	22	0	7.6	95
301	1	22	0	7.5	100

将查询结果存入一个名为"标准"的表格对象中,编写程序进行循环查表,基本逻辑思路如下:

50米跑得分 = 0

For i = 1 to 标准.数量

　　If 50米跑测试值 < = 标准(i).标准值 Then

$$50\text{米跑得分} = \text{标准}(i).\text{分值}$$

$$i = i + 1$$

Else

    Exit For

End If

Next For

上述算法称为"上台阶"算法。首先,将50米跑得分赋初始值0,做好上台阶准备,然后,从标准.分值由低到高的顺序依次进行判断:

- 如果50米跑测试值小于等于标准(i).标准值,满足"上台阶"条件,则本次"上台阶"操作成功,那么50米跑就获得了该台阶的分值,直至上到最后一个台阶;

- 如果50米跑测试值大于标准(i).标准值,不满足"上台阶"条件,则本次"上台阶"操作失败,程序终止,那么上一次成功获得的台阶分值即为50米跑最终得分。

对于正向指标的评分标准来说,其使用方法与反向指标的评分标准大体一致,区别在于"上台阶"的条件,反向指标是"测试值 < = 标准值",而正向指标是"测试值 > = 标准值"。由于篇幅所限,在此不再赘述。

(三)成绩数据集及其用法

成绩数据集描述了对学生体质健康测试成绩以及评价和诊断成绩的元数据信息,如表8 - 10所列。由于同一学生在不同年级都会有体质健康成绩,所以成绩数据集中的"对应年级"不同于"年级",这里的"对应年级"是指学生处在该年级时获得的体质健康成绩。"成绩类别"用于区分测试成绩、评分成绩和附加分,"等级"作为可选数据元素,其结果既可存储于成绩数据表中,也可根据第四章第四节确定的等级评价算法计算获得。

表 8 – 10　成绩数据集

编号	名称	约束	数据类型	数据格式	值域	说明
3.1	学生标识码	M	C	a19		引用表 8 – 31 的学生标识码
3.2	指标标识码	M	C	a..ul		引用表 8 – 2 的指标标识码
3.3	测试日期	M	D	YYYYMMDD	GB/T 7408	
3.4	对应年级	M	C	a2	表 8 – 4 年级代码	成绩对应的年级
3.5	成绩类别	M	C	a1	1,2,3	1:测试成绩;2:评分成绩;3:附加分
3.6	成绩	M	N	– n4,1		不同类别的成绩
3.7	等级	O	C	a4..6	正常、低体重、超重、肥胖、优秀、良好、及格、不及格	评分结果对应的等级,可选项
3.8	备注	O	C	a100		对成绩结果的解释说明

　　下面通过具体实例说明成绩数据集及数据库中成绩数据表的具体用法。如表 8 – 11 所示,是一名男生在初中二年级时候的体质健康各项成绩。

表 8 – 11　示例学生初二时的体质健康成绩数据

学生标识码	指标识别码	测试日期	对应年级	成绩类别	成绩	备注
G1201062010001017017	0001	20240506	22	2	84	综合指标评价成绩
G1201062010001017017	0002	20240506	22	2	84.5	综合指标诊断成绩
G1201062010001017017	1001	20240506	22	2	100	身体形态成绩

续表

学生标识码	指标识别码	测试日期	对应年级	成绩类别	成绩	备注
G1201062010001017017	2001	20240506	22	2	80	身体机能成绩
G1201062010001017017	3001	20240506	22	2	81.4	身体素质评价成绩
G1201062010001017017	3002	20240506	22	2	82.1	身体素质诊断成绩
G1201062010001017017	1011	20240506	22	1	170	身高测试值
G1201062010001017017	1021	20240506	22	1	62.5	体重测试值
G1201062010001017017	1031	20240506	22	1	21.6	BMI 指数
G1201062010001017017	2011	20240506	22	1	3300	肺活量测试值
G1201062010001017017	3011	20240506	22	1	8.2	50 米跑测试值
G1201062010001017017	3023	20240506	22	1	12.1	坐位体前屈测试值
G1201062010001017017	3061	20240506	22	1	231	立定跳远测试值
G1201062010001017017	3071	20240506	22	1	18	引体向上测试值
G1201062010001017017	3081	20240506	22	1	268	1000 米跑测试值
G1201062010001017017	1031	20240506	22	2	100	BMI 指数评分
G1201062010001017017	2011	20240506	22	2	80	肺活量评分
G1201062010001017017	3011	20240506	22	2	76	50 米跑评分
G1201062010001017017	3023	20240506	22	2	80	坐位体前屈评分
G1201062010001017017	3061	20240506	22	2	90	立定跳远评分
G1201062010001017017	3071	20240506	22	2	100	引体向上评分
G1201062010001017017	3081	20240506	22	2	74	1000 米跑评分
G1201062010001017017	3114	20240506	22	2	89.3	力量评分
G1201062010001017017	3124	20240506	22	2	80	速度评分
G1201062010001017017	3134	20240506	22	2	78.4	耐力评分
G1201062010001017017	3144	20240506	22	2	83.6	柔韧评分
G1201062010001017017	3154	20240506	22	2	84.2	灵敏评分
G1201062010001017017	3071	20240506	22	3	4	引体向上附加分

续表

学生标识码	指标识别码	测试日期	对应年级	成绩类别	成绩	备注
G120106201001017017	4011	20240506	22	1	4.8	左眼裸眼视力测试值
G120106201001017017	4021	20240506	22	1	0	左眼屈光球镜 S 测试值
G120106201001017017	4031	20240506	22	1	0	左眼屈光柱镜 C 测试值
G120106201001017017	4041	20240506	22	1	0	左眼屈光轴位 A 测试值
G120106201001017017	4051	20240506	22	1	5.0	右眼裸眼视力测试值
G120106201001017017	4061	20240506	22	1	0	右眼屈光球镜 S 测试值
G120106201001017017	4071	20240506	22	1	0	右眼屈光柱镜 C 测试值
G120106201001017017	4081	20240506	22	1	0	右眼屈光轴位 A 测试值
G120106201001017017	4091	20240506	22	1	0	角膜塑形测试值

该数据表在实际使用时,通过学生标识码与学生数据表进行关联获取学生相关信息,通过指标标识码与指标数据表进行关联获取指标相关信息,关联条件为:成绩表.学生标识码 = 学生表.学生标识码,成绩表.指标标识码 = 指标表.指标标识码。下面通过具体实例说明成绩数据表的用法,例如:要获取该名学生初二时各项二级指标的体质健康评分评价结果,使用的查询条件为:成绩表.学生标识码 = "G120106201001017017",成绩表.对应年级 = "22",成绩表.成绩类别 = "2",指标表.级别 = "2",指标表.体系 = "1"或"2",对应的 SQL 查询语句如下:

SELECT 学生表.姓名,指标表.指标标识码,指标表.名称,成绩表.对应年级,成绩表.成绩类别,指标表.级别,指标表.体系,指标表.权重,成绩表.成绩

FROM 指标表 INNER JOIN

（成绩表 INNER JOIN 学生表 ON 成绩表.学生标识码 = 学生表.学生标识码）

ON 指标表.指标标识码 = 成绩表.指标识别码

WHERE 成绩表.对应年级 = "22" AND 成绩表.成绩类别 = "2" AND 指标表.级别 = "2" AND（指标表.体系 = "1" OR 指标表.体系 = "2"）AND 成绩表.学生标识码 = "G1201062010001017017"

执行查询的结果如表 8 - 12 所列。

表 8 - 12　示例学生成绩查询结果

姓名	指标标识码	名称	对应年级	成绩类别	级别	体系	权重	成绩
张三	1031	BMI 指数	22	2	2	1	0.15	100
张三	2011	肺活量	22	2	2	1	0.15	80
张三	3011	50 米跑	22	2	2	2	0.2	76
张三	3023	坐位体前屈	22	2	2	2	0.1	80
张三	3061	立定跳远	22	2	2	2	0.1	90
张三	3071	引体向上	22	2	2	2	0.1	100
张三	3081	1000 米跑	22	2	2	2	0.2	74

（四）运动处方数据集及其用法

运动处方数据集描述了对学生体质健康进行干预的运动处方对象所涉及的核心元数据信息，如表 8 - 13 所列。处方识别码是识别一个处方的唯一标识，在实际使用时可使用 UUID 通用唯一标识符或 GUID 全局唯一标识符，由系统自动生成不重复的标识符；也可以在数据库中将该列设置为自增列（AUTO_INCRE-MENT），每次存入新处方时数据库会自动为该处方生成一个唯一的递增值；也可以按照系统设计者的实际需要自行编制确保唯一性的编码方案。

表 8 - 13　运动处方数据集

编号	中文名称	约束	数据类型	数据格式	值域	说明
4.1.1	处方标识码	M	N	a..128		运动处方的唯一标识

编号	中文名称	约束	数据类型	数据格式	值域	说明
4.1.2	创建人	M	C	a19		引用表 8 - 32 的教师标识码
4.1.3	创建日期	M	D	YYYY MMDD	GB/T 7408	
4.1.4	引用次数	O	N	n10		该处方累计被使用的次数
4.1.5	处方名称	M	C	a..100		
4.1.6	处方内容	M	C	a..ul		对动作要领和步骤的详细描述
4.1.7	处方目标	M	C	a..100		对运动目标的简要描述
4.1.8	处方功能	M	C	a5	表 8 - 14 处方功能代码	处方解决的具体问题和提高的具体能力,多个功能之间用"|"分割
4.1.9	处方类型	M	C	a1	1,2	1 - 独立处方,2 - 组合处方
4.1.10	组织类型	M	C	a1	0,1,2,3	0:不限,1:体育课,2:大课间;3:课外体育活动
4.1.11	组织形式	M	C	a1	0,1,2,3	0:不限,1:个人,2:多人,3:集体
4.1.12	适宜性别	M	C	a1	0,1,2	0:不限,1:男,2:女
4.1.13	适宜年级	M	C	a2..50	表 8 - 4 年级代码	多个年级之间用"|"分割
4.1.14	适宜时间	M	C	a1	0,1,2,3, 4,5,6	0:不限,1:早晨,2:上午,3:中午, 4:下午,5:晚上,6:睡前
4.1.15	运动周期	M	N	n1		每周锻炼的次数
4.1.16	持续时间	M	N	n3		每次锻炼总时长,单位:分钟
4.1.17	运动组数	M	N	n2		单个动作的组数
4.1.18	运动次数	M	N	n2		每组动作的次数
4.1.19	运动密度	M	N	n1		每组动作之间的间隔时间,单位:分钟

编号	中文名称	约束	数据类型	数据格式	值域	说明
4.1.20	强度下限	M	N	n2		百分比形式
4.1.21	强度上限	M	N	n3		百分比形式
4.1.22	平均心率	M	N	n3		
4.1.23	最高心率	M	N	n3		
4.1.24	注意事项	M	C	a..100		例如:不宜饭后运动、运动前需热身等
4.1.25	健康规避	O	C	a2	GB/T 2261.3	何种健康问题而不易采用该处方
4.1.26	演示图片	O	B	−		
4.1.27	演示视频	O	B	−		

处方功能是指按照该运动处方进行锻炼所能提高或改善学生在身体形态、身体机能和身体素质等方面的具体能力或问题,其代码由 3 位诊断指标代码 + 2 位编号组成,3 位诊断指标代码引用表 8 - 3 中的诊断指标代码,2 位编号从"00"起始进行顺序编号。处方功能代码如表 8 - 14 所列,在实际使用中可依据该规则根据运动处方功能的不断丰富而逐渐增加处方功能代码。

表 8 - 14　处方功能代码表

代码	处方目标	代码	指标名称
10000	身体形态	31101	上肢力量
10301	肥胖	31102	腰腹背力量
10302	低体重	31103	下肢力量
10001	增高	31200	速度
10002	男生塑形	31201	反应速度
10003	女生塑形	31202	动作速度

代码	处方目标	代码	指标名称
10004	坐姿	31203	位移速度
10005	站姿	31300	耐力
10006	行姿	31301	肌肉耐力
10007	高低肩	31302	有氧耐力
10008	驼背	31303	无氧耐力
10009	脊柱侧弯	31400	柔韧
10010	溜肩	31401	上肢柔韧
10011	"O"形腿	31402	腰腹背柔韧
10012	"X"形腿	31403	下肢柔韧
10013	扁平足	31500	灵敏
10014	"豆芽菜"体形	31501	平衡能力
20000	身体机能	31502	协调能力
20101	呼吸系统	31503	反应能力
20002	心血管系统	31504	判断能力
30000	身体素质	31505	节奏能力
31100	力量	31506	控制能力

　　运动处方分为独立处方和组合处方两种类型,独立处方是指可以单独使用的运动处方,组合处方是指由多个独立处方组合而成的运动处方,即为解决特定体质健康问题而设置的处方模板。组合处方可根据处方识别码在组合处方序列数据表中查找对应的处方序列,组合处方序列数据子集描述了组合处方包含的处方序列元数据信息,如表8-15所列,在实际使用时其三个元素的数据值均为表8-13的处方标识码,若某个运动处方无后继处方则其"后继处方"值为"0"。

表 8 - 15　组合处方序列数据子集

编号	中文名称	约束	数据类型	数据格式	值域	说明
4.2.1	组合处方	M	N	a..128		该结点归属的组合处方
4.2.2	当前处方	M	N	a..128		该结点引用的运动处方
4.2.3	后继处方	M	N	a..128	0 或处方标识码	该结点的下一个运动处方,0:无

为了简化使用逻辑,组合处方之间不能嵌套使用,即组合处方只能由独立处方组成,且一个独立处方在同一组合处方中不能重复使用。组合处方序列数据采用"单链表"形式进行存储,序列数据无需按顺序存储,在序列数据表中的每条记录为一个结点,每个结点由 3 个字段组成,分别是"组合处方""当前处方"和"后继处方":

- "组合处方"表示该序列结点归属哪个组合处方;
- "当前处方"存储了该序列结点引用的运动处方,当"当前处方"为组合处方识别码时,该结点为序列的"头结点",当"当前处方"为独立处方识别码时,该结点为序列的一个"序列结点";
- "后继处方"存储了该结点的下一个处方,当"后继处方"为"0"时,该结点为序列的最后一个结点。

下面举例说明组合处方序列的使用方法,处方识别码使用数据库自增列的方法自动生成。假设某一组合处方的识别码为 13,处方名称为"超体重减脂处方",由 4 个独立处方组成,分别为:5 - 热身操、12 - 慢跑、18 - 腰部力量锻炼和 24 - 放松运动,其组合处方序列数据如表 8 - 16 所列。

表 8 - 16　"13"号组合处方序列数据

组合处方	当前处方	后继处方
……	……	……
13	13	5
……	……	……
13	5	12
……	……	……
13	12	18
……	……	……
13	18	24
……	……	……
13	24	0
……	……	……

（1）获取组合处方完整序列方法

在组合处方序列表中获取完整的 13 号组合处方序列的具体方法为：

1. 找到该组合处方序列的头结点；

2. 根据"后继处方"值找到下一个结点；

3. 重复第 2 步,直至"后继处方"为"0"时结束。

程序基本逻辑思路如下：

SELECT ＊ FROM 序列表 WHERE 组合处方 =13 AND 当前处方 =13

WHILE 查询结果. 后继处方！ =0

　　//查找后继处方结点

　　SELECT ＊ FROM 序列表 WHERE 组合处方 =13 AND 当前处方 = 查

　　询结果. 后继处方

　　输出 查询结果. 当前处方

END WHILE

（2）新增序列结点方法

在 13 号组合处方序列"12 - 慢跑"之后插入一个新结点"10 - 腿部拉伸运动"的具体方法为：

1. 查找该组合处方序列中"当前处方"值为"12"的结点；

2. 将该结点的"后继处方"值暂存于临时变量 t 中，并将该结点的"后继处方"值更新为"10"；

3. 插入一条新纪录，"组合处方"值为"13"、"当前处方"值为"10"、"后继处方"值为变量 t。

插入新结点后的序列数据如表 8 - 17 所列，程序基本逻辑思路如下：

SELECT * FROM 序列表 WHERE 组合处方 = 13 AND 当前处方 = 12

t = 查询结果. 后继处方

查询结果. 当前处方 = 10

INSERT INTO 序列表 VALUES(13,10,t)

表 8 - 17　插入新结点后的"13"号组合处方序列数据

组合处方	当前处方	后继处方
……	……	……
13	13	5
……	……	……
13	5	12
……	……	……
13	12	10
……	……	……
13	18	24
……	……	……
13	24	0
……	……	……

续表

组合处方	当前处方	后继处方
13	10	18
……	……	……

（3）删除一个序列结点方法

在13号组合处方序列中删除"18－腰部力量锻炼"结点的具体方法为：

1. 查找该组合处方序列中"当前处方"值为"18"的结点；

2. 将该结点的"后继处方"值暂存于临时变量 t 中；

3. 查找该组合处方序列中"后继处方"值为"18"的结点（即18号结点的前一个结点），并将该结点的"后继处方"值更新为变量 t；

4. 删除"组合处方"值为"13"、"当前处方"值为"18"的结点。

程序基本逻辑思路如下：

SELECT ＊ FROM 序列表 WHERE 组合处方 = 13 AND 当前处方 = 18

t = 查询结果. 后继处方

SELECT ＊ FROM 序列表 WHERE 组合处方 = 13 AND 后继处方 = 18

查询结果. 后继处方 = t

DELETE FROM 序列表 WHERE 组合处方 = 13 AND 当前处方 = 18

（五）体育工作数据集及其用法

学校体育工作开展情况与学生体质健康服务紧密相关,本研究根据《教育部关于印发〈学生体质健康监测评价办法〉等三个文件的通知》（教体艺〔2014〕3号）工作要求制定了体育工作相关数据集,用于描述中小学校体育工作上报和评估所涉及的核心元数据信息。按文件要求,学校体育工作情况每年上报一次,根据上报数据的性质和组织方式,本研究将体育工作数据进行了拆分和重组,从而形成7个数据子集,各子集之间使用"年报标识码"进行关联操作。

1. 体育工作基本情况数据子集

该子集描述了学校教师、场地、经费和制度情况相关元数据信息,如表8－18所列。"年报标识码"使用4位年度字符＋学校标识码组成。

表8－18　体育工作基本情况数据子集

编号	中文 名称	约束	数据 类型	数据 格式	值域	说明
5.1.1	年报标识码	M	C	a14		年报数据的唯一标识
5.1.2	上报日期	M	D	YYYY MMDD	GB/T 7408	数据填报日期
5.1.3	校长姓名	M	C	a..50		
5.1.4	主管校长姓名	M	C	a..50		
5.1.5	主管校长电话	M	C	a..50		
5.1.6	教务(体育)主任姓名	M	C	a..50		
5.1.7	体育组长姓名	M	C	a..50		
5.1.8	体育组长电话	M	C	a..50		
5.1.9	专职体育教师数	M	N	n3		
5.1.10	兼职体育教师数	M	N	n3		
5.1.11	体育教师缺额人数	M	N	n3		
5.1.12	体育教师生师比	M	N	n1,1		
5.1.13	体育教师参训人数	M	N	n3		
5.1.14	受县级以上表彰数	M	N	n3		
5.1.15	平均周课时数	M	N	n3		
5.1.16	专职体育教研员数	M	N	n3		
5.1.17	400 田径场数	M	N	n3		单位:块
5.1.18	400 米以下田径场数	M	N	n3		单位:块
5.1.19	篮球场数	M	N	n3		单位:块
5.1.20	排球场数	M	N	n3		单位:块

续表

编号	中文 名称	约束	数据 类型	数据 格式	值域	说明
5.1.21	体育馆数	M	N	n3		单位:个
5.1.22	游泳池数	M	N	n3		单位:个
5.1.23	学生体质测试室数	M	N	n3		单位:个
5.1.24	体育器材是否达标	M	C	a1		1 – 是,0 – 否
5.1.25	场地经费支出	M	N	n4,1		单位:万元
5.1.26	器材经费支出	M	N	n4,1		单位:万元
5.1.27	体育工作支出	M	N	n4,1		单位:万元
5.1.28	专项督导制度	M	C	a2	是,否	
5.1.29	意外保障措施	M	C	a2	是,否	

2. 学生数量数据子集

该子集描述了中小学校班级数量和学生数量相关元数据信息,如表 8 – 19
所列。

表 8 – 19　学生数量数据子集

编号	中文 名称	约束	数据 类型	数据 格式	值域	说明
5.2.1	年报标识码	M	C	a14		引用表 8 – 18 的年报标识码
5.2.2	年级代码	M	C	a2	表 8 – 4 年级代码	上报数据的年级代码
5.2.3	班数	M	N	n4		5.2.2 指定年级的班级总数
5.2.4	学生数	M	N	n4		5.2.2 指定年级的学生总数

3. 体育工作评估指标数据子集

该子集描述了中小学校体育工作评估指标元数据信息,如表 8 – 20 所列。

"指标标识码"使用字符"PG"+2位序号组成,序号的起始值为"01"。指标的"级别"用于区分主指标和子指标,子指标的"分值"与其主指标"分值"相同,主指标可用于计算评估的总得分,即只有主指标才能在评估成绩数据表中存在对应的指标得分,而子指标则用于计算其所属联合指标的得分。指标的"属性"分为判断指标、选择指标、正向指标和联合指标4种:

(1)判断指标是指评估结果为"是"或"否"的指标,若结果为"是"则获得该指标分值,若结果为"否"则不获得该指标分值;

(2)选择指标是指评估结果为"很好"、"较好"、"一般"或"差"的指标,若结果为"很好"则获得该指标全部分值,若结果为"较好"则获得该指标80%分值,若结果为"一般"则获得该指标60%分值,若结果为"差"则不获得该指标分值;

(3)正向指标是指需按照评分标准进行比较计算的指标;

(4)联合指标是指该指标包含多个子指标,其得分为子指标得分的最小值。

表8-20 体育工作评估指标数据集

编号	中文名称	约束	数据类型	数据格式	值域	说明
5.3.1	指标标识码	M	C	a4		指标的唯一标识
5.3.2	指标要点	M	C	a..50		指标的要点内容
5.3.3	指标描述	M	C	a..ul		指标的详细要求
5.3.4	级别	M	C	a1	1,2	1:主指标;2:子指标
5.3.5	分值	M	N	n2,1		该指标的对应分值
5.3.6	属性	M	C	a1	1,2,3,4	1:判断指标;2:选择指标; 3:正向指标;4:联合指标
5.3.7	联合指标	M	C	a..ul	0 和指标标识码	多个指标之间用"|"分割; 0:无联合指标
5.3.8	一级项目	M	C	a2	表8-21一级项目代码	指标所属一级项目代码

续表

编号	中文名称	约束	数据类型	数据格式	值域	说明
5.3.9	二级项目	M	C	a2	表8－22二级项目代码	指标所属二级项目代码

依据《中小学校体育工作评估指标体系》,指标的"一级项目"和"二级项目"编码如表8－21和表8－22所列。

表8－21　评估指标一级项目代码表

代码	一级项目
01	组织管理
02	教育教学
03	条件保障
04	学生体质

表8－22　评估指标二级项目代码表

代码	二级项目
01	管理到位
02	领导重视
03	监督检查
04	课程教学
05	校园体育活动
06	教师队伍
07	场地器材与经费
08	开展学生体质健康测试
09	测试结果
10	测试评价

根据表 8 - 20 制定的体育工作评估指标数据集和表 8 - 21、表 8 - 22 制定的编码规范,表 8 - 23 给出了评估指标在数据库中的实际存储数据。其中,指标 PG39 和 PG40 为指标 PG05 的联合指标。

表 8 - 23 数据库存储的体育工作评估指标数据记录

指标标识码	指标要点	指标描述	级别	分值	属性	联合指标	一级项目	二级项目
PG01	成立领导小组,定期研究工作	学校成立政教、教务、总务、共青团(少先队)等部门参与的体育工作领导小组,明确职责、落实分工,定期研究工作	1	2	1	0	01	01
PG02	将体育纳入学校整体工作计划	将体育纳入学校整体工作计划,制订具体计划,认真组织实施,定期组织检查、考核	1	2	1	0	01	01
PG03	建立意外伤害应急管理机制	学校建立校园意外伤害事故的应急管理机制,制定和实施体育安全管理工作方案,明确责任人,落实责任制	1	1	1	0	01	01
PG04	校长将学校体育列入工作职责	校长将学校体育列入工作职责,明确一名副校长分管体育工作	1	1	1	0	01	02

指标标识码	指标要点	指标描述	级别	分值	属性	联合指标	一级项目	二级项目
PG05	校长、分管校长听体育课次数	每学期校长听体育课不少于4次,分管校长不少于6次	1	2	4	PG39丨PG40	01	02
PG06	严格落实体育与健康课时规定	切实减轻学生过重课业负担,严格落实国家体育与健康课时规定	1	7	1	0	01	02
PG07	公布阳光体育运动工作方案	公布学生阳光体育运动工作方案、基本要求和监督电话	1	2	1	0	01	03
PG08	每学期通报学生体育活动情况	利用公告栏、家长会和校园网,每学期通报一次学生体育活动情况	1	3	1	0	01	03
PG09	体育教学计划、单元计划等齐全	体育与健康课程教学计划、单元计划、课时计划齐全	1	4	2	0	02	04
PG10	依据课程标准组织体育教学	依据课程标准组织体育教学,完成教学任务	1	5	2	0	02	04
PG11	加强教学研究与课程教学改革	加强教学研究与课程教学改革,提高教学效果	1	3	1	0	02	04

续表

指标 标识码	指标要点	指标描述	级别	分值	属性	联合 指标	一级 项目	二级 项目
PG12	严格执行体育课考勤、考核制度	严格执行体育课考勤和考核登记制度,并将结果放入学生档案	1	3	1	0	02	04
PG13	制订阳光体育运动工作方案	制订阳光体育运动工作方案、基本要求	1	2	1	0	02	05
PG14	将校园体育活动纳入教学计划	将校园体育活动时间和内容纳入教学计划,列入课表,严格实施	1	2	2	0	02	05
PG15	落实大课间体育活动等时间	每天上午安排大课间体育活动;没有体育课的当天,下午安排一小时集体体育锻炼	1	3	1	0	02	05
PG16	学校每年召开春、秋季运动会	学校每年召开春、秋季运动会	1	3	1	0	02	05
PG17	85%学生掌握至少2项体育技能	开展体育、艺术2+1项目,有85%以上的学生掌握至少2项日常锻炼的体育技能	1	4	3	0	02	05
PG18	对学生加强体育安全教育	对学生加强体育安全教育	1	1	1	0	02	05

指标 标识码	指标要点	指标描述	级别	分值	属性	联合 指标	一级 项目	二级 项目
PG19	体育教师数量达到规定标准	体育教师数量达到国家规定要求	1	3	1	0	03	06
PG20	体育教师职务评聘公平、公正	体育教师职务评聘公平、公正	1	3	1	0	03	06
PG21	体育教师工资待遇、工作服装	体育教师工资待遇与其他任课教师同等对待	1	2	1	0	03	06
PG22	体育活动、测试纳入教学工作量	开展课外体育活动、组织学生体质健康测试纳入教学工作量	1	2	1	0	03	06
PG23	体育教师集体备课、校本教研	体育教师坚持集体备课、校本教研	1	2	1	0	03	06
PG24	体育教师参加培训、继续教育	体育教师参加培训、继续教育	1	2	1	0	03	06
PG25	体育场地、器材、设施达标	体育场地、器材、设施达标情况	1	1	3	0	03	07
PG26	体育场地平整、整洁,符合要求	体育场地平整、整洁,符合体育活动和体育教学要求	1	2	2	0	03	07
PG27	体育场馆管理规范,安全运行	体育场馆、设施管理规范,及时维护,确保安全运行	1	2	2	0	03	07

续表

指标标识码	指标要点	指标描述	级别	分值	属性	联合指标	一级项目	二级项目
PG28	体育场地、器材等由专人负责	学校体育场地、器材、设施有专人负责管理	1	2	1	0	03	07
PG29	课余、假日体育场馆向学生开放	课余和节假日体育场馆向学生开放	1	4	1	0	03	07
PG30	公用经费满足学校体育需要	公用经费按规定用于体育支出,满足学校体育工作需要	1	5	1	0	03	07
PG31	做好全体学生体质健康测试	实施《国家学生体质健康标准》,做好全体学生体质健康测试	1	3	1	0	04	08
PG32	妥善保存体质健康测试数据	妥善保存学生《国家学生体质健康标准》原始数据	1	1	1	0	04	08
PG33	按要求上报体质健康测试数据	按国家要求上报《国家学生体质健康标准》测试数据	1	1	1	0	04	08
PG34	95%以上学生达到标准合格等级	有95%以上的学生达到《国家学生体质健康标准》合格以上等级	1	5	3	0	04	09

指标标识码	指标要点	指标描述	级别	分值	属性	联合指标	一级项目	二级项目
PG35	40%以上学生达到标准良好等级	有40%以上的学生达到《国家学生体质健康标准》良好以上等级，并逐年增长	1	4	3	0	04	09
PG36	每年公布健康测试总体结果	每年在校内公布学生体质健康测试总体结果，并通报学生及家长	1	2	1	0	04	10
PG37	健康水平列入综合素质档案	学生体质健康水平作为学生综合素质档案的重要内容，并形成制度	1	2	1	0	04	10
PG38	分析测试结果，把握体质趋势	分析学生体质健康标准测试结果，动态把握学生体质健康发展趋势	1	2	1	0	04	10
PG39	校长听体育课次数	每学期校长听体育课不少于4次	2	2	3	0	01	02
PG40	分管校长听体育课次数	每学期分管校长听体育课不少于6次	2	2	3	0	01	02

4. 体育工作评分标准数据子集

评估指标中的正向指标("属性"为"3"的指标)需按照评分标准进行比较计算后方可获得相应得分。该子集描述了体育工作正向评估指标所需评分标准的元数据信息,如表 8 - 24 所列。

表 8 - 24　体育工作评分标准数据集

编号	中文名称	约束	数据类型	数据格式	值域	说明
5.4.1	指标标识码	M	C	a4		引用表 8 - 20 的指标标识码
5.4.2	标准值	M	N	n2,1		文件规定的评分标准值
5.4.3	得分	M	N	n2,1		评分标准值对应的得分

依据《中小学校体育工作评估指标体系》,表 8 - 24 制定的体育工作评分标准数据集中 PG17、PG25、PG34、PG35、PG39 和 PG40 为分段类型指标,即按照评分标准获得评分,表 8 - 25 列出了其在数据库中存储的评分标准数据;其余指标为判断类型指标,即"是"获得指标分值,"否"不获得指标分值,因此无需评分标准。

表 8 - 25　数据库存储的体育工作评分标准数据记录

指标标识码	标准值	得分		
PG17	85%	4		
PG17	70%	3.2		
PG17	50%	2.4		
PG25	90%	1		
PG25	70%	0.8		
PG25	60%	0.6		
PG34	95%	5		
PG34	94%	4		
PG34	92%	3		
PG35	40%	4		
PG35	30%	3.2		
PG35	25%	2.4		

续表

指标标识码	标准值	得分		
PG39	4	2		
PG39	3	1.6		
PG39	2	1.2		
PG40	6	2		
PG40	5	1.6		
PG40	4	1.2		

当学校的上报数据未达到指标最低评分标准时则获得 0 分,具体用法可参照本章第三节"评分标准数据集及其用法"中的"上台阶"算法。

5. 体育工作指标成绩数据子集

该子集描述了中小学校上报的年度体育工作评估指标数据及相应获得的指标成绩元数据信息,如表 8 – 26 所列。

表 8 – 26　体育工作评估指标成绩数据子集

编号	中文名称	约束	数据类型	数据格式	值域	说明
5.5.1	年报标识码	M	C	a14		引用表 8 – 18 的年报标识码
5.5.2	上报日期	M	D	YYYYMMDD	GB/T 7408	数据填报日期
5.5.3	指标标识码	M	C	a4		引用表 8 – 20 的指标标识码
5.5.4	上报数据	M	C	a..50	"是""否""很好""较好""一般""差"数值	学校上报的 5.5.3 指标的数据

续表

编号	中文名称	约束	数据类型	数据格式	值域	说明
5.5.5	指标得分	M	N	n2,1		学校在5.5.3指标上获得的分数
5.5.6	主要问题	M	C	a..ul		未获得全部指标分值的原因
5.5.7	支撑附件	M	B	—		佐证上报数据的相关文件

6. 体育工作附加成绩数据子集

该子集描述了中小学校上报的年度体育工作评估指标之外的附加成绩元数据信息,如表8-27所列。

表8-27　体育工作评估附加成绩数据子集

编号	中文名称	约束	数据类型	数据格式	值域	说明
5.6.1	年报标识码	M	C	a14		引用表8-18的年报标识码
5.6.2	上报日期	M	D	YYYYMMDD	GB/T 7408	数据填报日期
5.6.3	加分项目	M	C	a..ul		满足加分条件的具体事项
5.6.4	加分	M	N	n2		获得的附加分数
5.6.5	支撑附件	M	B	—		佐证附加分的相关文件

依据《中小学校体育工作评估指标体系》,学校体育工作凡具备以下条件之一的每项加2分,最多加8分。

●创新体育活动内容、方式和载体,增强体育活动的趣味性和吸引力;

●每年在一次校级运动会中,设计全体学生参加的项目;

●每年组织不少于10次的校级单项体育比赛;

● 学校有体育代表队,每周训练不得少于两次,积极参加上级教育或体育部门组织的竞赛。

7. 体育工作总成绩数据子集

该子集描述了中小学校年度体育工作评估总分和等级的元数据信息,如表 8-28 所列。"总得分"的值通过学校的指标成绩和附加成绩计算得到。"自评等级"分为优秀、良好、合格、不合格四个等级,其等级通过总得分的值计算获得,总得分 90 分及以上为优秀,75 分及以上 90 分以下为良好,60 分及以上 75 分以下为合格,60 分以下为不合格。

表 8-28　体育工作评估总成绩数据子集

编号	中文名称	约束	数据类型	数据格式	值域	说明
5.7.1	年报标识码	M	C	a14		引用表 8-18 的年报标识码
5.7.2	上报日期	M	D	YYYYMMDD	GB/T 7408	数据填报日期
5.7.3	总得分	M	N	n3,1		指标成绩 + 附加成绩
5.7.4	自评等级	M	C	a6	"优秀""良好""合格""不合格"	
5.7.5	一票否决	M	C	a..ul		按规定为不合格的情形

依据《中小学校体育工作评估办法》,凡有下列情形之一者,学校体育工作等级评定结果为不合格:

● 不能保证学生每天一小时校园体育活动时间的;

● 未按国家规定开足体育与健康课的;

● 学生体质健康水平连续三年下降的;

● 未按要求开展学生体质健康标准测试和如实上报数据的;

• 评估中弄虚作假的。

(六)学校数据集

学校数据集描述了大中小学校的核心元数据信息,数据元素主要引用自 JY/T 0633－2022《教育基础数据》标准,表8－29列出了本研究所需的学校主要数据元素。"学校标识码"是由教育部为每个学校编制的一个唯一且不变的代码标识,由三层10位数字码组成,第一层是2位办学类型码,取自GB/T 33782－2017《信息技术学习、教育和培训教育管理基础代码》标准中表4办学类型代码的前2位;第二层是2位学校驻地的省、自治区、直辖市代码,取自GB/T 2260代码表中数字码的前2位;第三层是由教育部赋予该校的6位顺序码。

表8－29 学校数据集

编号	中文名称	约束	数据类型	数据格式	值域	说明
6.1	学校标识码	M	C	a10	GB/T 33782－2017	教育行政部门统一编制
6.2	统一社会信用代码	M	C	a18	GB 32100－2015	
6.3	学校名称	M	C	a..100		标准中文名称,与公章一致
6.4	学校地址	M	C	a..180		包括省(自治区、直辖市)/地(市、州)/县(区、旗)/乡(镇)/街(村)/门牌号的详细地址
6.5	邮政编码	M	C	a6		学校邮政编码
6.6	行政区划码	M	C	a6	GB/T 2260	学校所在地行政区划码
6.7	办学类型码	M	C	a3	GB/T 33782－2017 表4	学校办学类型
6.8	联系方式	M	C	a..30		学校的办公电话

（七）班级数据集

班级数据集描述了学校班级的核心元数据信息,数据元素主要引用自 GB/T 35298-2017《信息技术学习、教育和培训教育管理基础信息》标准,表 8-30 列出了本研究所需的班级主要数据元素。

表 8-30　班级数据集

编号	中文名称	约束	数据类型	数据格式	值域	说明
7.1	班级标识码	M	C	a..20		学校自编
7.2	学校标识码	M	C	a10		引用表 8-29 的学校标识码
7.3	班级名称	M	C	a..50		学校自编
7.4	所属年级	M	C	a2	表 8-4 年级代码	班级所属年级
7.5	班主任	M	C	a..50		班主任的姓名
7.6	联系方式	M	C	a..30		班主任的电话号码

（八）师生数据集

师生数据集描述了学生和教师的核心元数据信息,分为学生数据子集和教师数据子集,数据元素主要引用自 JY/T 0633-2022《教育基础数据》标准,并补充了部分体质健康服务相关数据元素。

1. 学生数据子集

表 8-31 列出了本研究所需的学生主要数据元素。"学生标识码"即学籍号,是由教育部为每个学生编制的一个唯一且终身不变的代码标识,由二层 19 位数字码组成,第一层是 1 位类型码,有公民身份证号码的,类型码为"G",属于正式学籍号,暂无公民身份证号码或身份证号码存在重码的,类型码为"J",属于临时学籍号;第二层是 18 位公民身份证号码或 18 位个人标识自编码。个人标识自编码的规则与公民身份证号码的规则相同,即 6 位行政区划码 +8 位出生日期码 +3 位顺序码 +1 位校验码。学号可由学校在确保校内唯一性的前提下自行制定编制原则。

表 8 - 31 学生数据子集

编号	中文名称	约束	数据类型	数据格式	值域	说明
8.1.1	学生标识码	M	C	a19		教育行政部门统一编制
8.1.2	学号	M	C	a20		学校自编
8.1.3	现学校标识码	M	C	a10		引用表 8 - 29 的学校标识码
8.1.4	现年级代码	M	C	a2	表 8 - 4 年级代码	
8.1.5	现班级标识码	M	C	a..20		引用表 8 - 30 的班级标识码
8.1.6	学生类别码	M	C	a5	GB/T 33782 - 2017，表 24	由五层五位数字代码组成
8.1.7	姓名	M	C	a..50		
8.1.8	性别码	M	C	a1	GB/T 2261.1	0 - 未知；1 - 男；2 - 女；9 - 未说明
8.1.9	民族码	M	C	a2	GB/T 3304	
8.1.10	出生日期	M	D	YYYYMMDD	GB/T 7408	
8.1.11	身份证号	M	C	a..18	GB 11643 - 1999	
8.1.12	政治面貌码	M	C	a2	GB/T 4762	当前政治面貌的代码
8.1.13	照片	M	B	-		近期正面免冠证件照片
8.1.14	联系方式	M	C	a..30		学生的电话号码
8.1.15	联系人关系码	M	C	a2	GB/T 4761	家庭关系代码
8.1.16	联系人姓名	M	C	a..50		联系人的姓名
8.1.17	联系人电话	M	C	a..30		联系人的电话
8.1.18	健康状况码	M	C	a2	GB/T 2261.3	身体基本情况代码
8.1.19	疾病史	M	C	a..100		学生的既往病史
8.1.20	运动爱好	M	C	a..100		学生的体育运动爱好

续表

编号	中文名称	约束	数据类型	数据格式	值域	说明
8.1.21	健康需求	M	C	a5	表 8 - 14 处方功能代码	学生对运动健康的自我需求

2. 教师数据子集

表 8 - 32 列出了本研究所需的教师主要数据元素。"教师标识码"参照"学生标识码"的编制原则以确保全局唯一性,教工号可由学校在确保校内唯一性的前提下自行制定编制原则。

表 8 - 32　教师数据子集

编号	中文名称	约束	数据类型	数据格式	值域	说明
8.2.1	教师标识码	M	C	a19		参照"学生标识码"编制
8.2.2	教工号	M	C	a20		学校自编
8.2.3	学校标识码	M	C	a10		引用表 8 - 29 的学校标识码
8.2.4	姓名	M	C	a..50		
8.2.5	性别码	M	C	a1	GB/T 2261.1	0 - 未知;1 - 男; 2 - 女;9 - 未说明
8.2.6	民族码	M	C	a2	GB/T 3304	
8.2.7	出生日期	M	D	YYYY MMDD	GB/T 7408	
8.2.8	身份证号	M	C	a..18	GB 11643 - 1999	
8.2.9	政治面貌码	M	C	a2	GB/T 4762	当前政治面貌的代码
8.2.10	联系方式	M	C	a..30		教师的电话号码
8.2.11	专业技术职务	M	C	a3	GB/T 8561	
8.2.13	入职年月	M	D	YYYY MM	GB/T 7408	入职本校工作的起始年月

第九章　学生体质健康
数据服务体系建设

一、数据分析服务

　　数据分析服务是在体质健康评价体系和诊断体系基础上,开展的面向学生、群体或区域的数据分析扩展,从微观层面为学生提供更加直接的评价诊断结果,从宏观层面为各级教育行政管理部门和学校提供更加丰富的数据分析结果。

　　(一)相对等级分析

　　前述评价体系和诊断体系所用等级评价和等级诊断采用了《标准》中的等级划分依据,《标准》的等级是建立在全国大样本基础上所确立的,未考虑到不同生活和教育水平所带来的区域性差异,本研究称之为"标准等级",其结果体现出了参照全国水平学生所达到的等级程度,固然有其实用价值。但在一个区域范畴、在相对平等的生活环境和教学环境中,分析比较学生的体质健康等级则从某种程度上更能体现学生在某个特定范围内的水平,这种以特定范畴作为参考进行的等级分析,本研究称之为"相对等级",属于针对学生的微观分析服务。

　　相对等级分析首先划定分析范围,可以为男生、女生、班级、学校、行政区或天津市等范围,然后使用该范围的学生体质健康评分结果采用百分位数法计算学生等级。该方法以中位数为基准值,以其他各百分位数为离散距,在指标评分的基础上进行五等划分,即下等、中下等、中等、中上等和上等,其中小于10% 为下等,10%～25%为中下等,25%～75%为中等,75%～90%为中上等,大于等于90%为上等。

百分位数的计算方法为:假设共有 m 个数,由小到大排序后的结果是 X_1,X_2……X_m,欲求处于 p% 位置的数值 n,计算公式为:

$$n = (m * p/100 - k) * (X_{(k+1)} - X_{(k)}) + X_k$$ 其中: $X_{(0)} = 0$,正整数 $k = \lceil m * p/100 - 1 \rceil$(小数上取整)

(二)个体差距分析

个体差距分析是对学生个体的微观分析,用指标排名的方式呈现学生在各项体质健康诊断指标上的差距,从而使学生和教师更加直观地了解学生体质健康现状。本研究采用目标挑战模型法对学生的体质健康发展水平进行差距分析,依据采用的目标挑战模型的不同,可分为固定目标差距分析和动态目标差距分析。

(1)固定目标差距分析以各项诊断指标的《标准》得分 100 分为目标挑战模型,其诊断结果反映了学生体质健康发展的全局性固定期望值。

(2)动态目标差距分析以特定学生群体的各项指标测试结果最优值为目标挑战模型,其诊断结果反映了学生体质健康发展的局部性动态期望值。

确定目标挑战模型后,计算每个学生在各项指标上与目标挑战模型的差距大小,即差距系数,然后对差距系数进行排序,从而反映出学生应该优先发展的指标顺序。差距系数的计算公式为:

差距系数 = 权重 × (模型值 - 实际值) ÷ 模型值 × 100

(三)个体态势分析

个体态势分析是在特定学生群体内进行的学生个体微观分析,用于呈现在群体范围内特定学生的哪项指标为优势指标,哪项指标为劣势指标。本研究使用雷达分析法对学生进行个体态势分析,将群体范围内学生各指标的最大值和最小值分别作为雷达图中的最优值和最劣值,优势值的半径大小为指标平均值+标准差(M+Std),劣势值的半径大小为指标平均值—标准差(M-Std)。雷达图由 5 个同心圆组成,分别代表 20、40、60、80 和 100 五个分数档次,各指标值平均分配在与同心圆相交的射线上,群体的最优值、最劣值、平均值、优势值、劣势值和学生个体的实际值被标注在代表该指标的射线上。若学生某指标的实际值大于优势值则成为优势指标,小于劣势值则成为劣势指标。

（四）总体态势分析

总体态势分析是对特定学生群体进行的宏观分析,用于分析群体的整体优势指标和劣势指标,其结果可为教师或管理者制定教学计划或政策提供参考依据。本研究采用帕累托截集法进行总体态势分析,该方法由意大利经济学家维弗利度·帕雷托于 1897 年提出,其核心思想是在决定事物的众多因素中分清主次,找出少数的重要因素和不重要的多数因素,只要控制重要的少数就能控制全局。其方法是首先确定群体范围,然后将学生每项指标的得分进行累加得到各项指标的分量合,再将各项指标分量合进行累加得到指标总量合,然后计算各指标分量合占总量合的百分比,并以占比从高到低进行排列,最后从占比最高的指标开始累加各指标占比,以累加到 70% 作为截集标准进行判断,构成此 70% 的指标为优势指标,其余为劣势指标。

二、综合指数分析服务

指数是一种表明社会经济现象动态的相对数,运用指数可以测定不能直接相加或不能直接对比的社会经济现象的总动态,分析社会经济现象总变动中各因素变动的影响程度,研究总平均指标变动中各组的标志水平和总体结构变动。国家体育总局体育科学研究所蔡睿博士及其团队,使用指数概念构建了国民体质综合指数数学模型及对应算法,用以描述我国人口总体综合体质水平。本研究将国民体质综合指数数学模型应用于学生体质健康领域,使用学生体质健康测试指标重建模型结构,并对原有模型算法进行了改进和优化,使其更易于计算机编程实现,从而促进常态化、多维度的学生体质健康综合指数网络信息化服务的落地实施。

（一）学生体质健康综合指数的概念

学生体质健康综合指数是反映特定范围内学生总体综合体质健康水平的无量纲动态相对数,是对学生体质健康整体水平进行的宏观分析。其主要作用是:(1)反映学生体质健康总体的状况及各构成因素的变动情况;(2)分析学生体质健康总变动间的相互关系;(3)研究学生体质健康综合指数变动中各组标志水平在总体结构变动中的作用。

学生体质健康综合指数是两个总量指标对比形成的数值,在总量指标中又可包含两个或两个以上因素(即评价指标或诊断指标),一般综合指数的编制均会选择一个相对稳定的起始期数据作为基期,这样可以在一个相对长的时间跨度上分析学生体质健康变化趋势。根据国民体质综合指数建立的学生体质健康综合指数数学模型为:

$$PHI = \sum (P_j f_i) \sum (K_i(X_{ij}/X_i))$$

式中,i 为第 i 个指标,j 为第 j 个学生分组,P_j 为年级学生人数结构权重,K_i 为各指标权重,X_i 为基期单指标测试平均值,X_{ij} 为报告期单指标测试平均值,f_i 为调节因子。该模型的主要的特征是:(1)综合性,能够反映复杂总体的综合变动;(2)相对性,是一种特殊的相对数;(3)平均性,是各个简单群体的个体指数的平均值;(4)非衡性,由于不同年级学生数量结构不均衡,其对总体的贡献就不同,因此,引入了学生年级人数结构权重。

该模型采用了综合指数计算方法,将质量综合指数与固定权数的平均指数相结合,借鉴拉氏指数算法思想,选定某年的平均指数为基期同度量水平,使用《标准》全部测试指标为固定权数,同时引入了使样本结构随时间变化得到的学生年龄自然结构权重,使用学生体质健康测试原始数据进行无量纲化计算。该方法的特点是较为全面地综合了现有学生体质健康全部原始信息,将同度量因素固定在基期,来观察一个较长的学生体质健康总体水平的时间序列变化情况,固定权数使指标系统结构稳定,引入学生年龄结构权重使学生数量结构随时间变化的特性得到体现,保留了指数的区分度,这种方法的难点在于计算量较大和算法的优化。

(二)指标属性及线性转换算法

学生体质健康综合指数的指标值可以使用按照《标准》得到的评分结果或原始测试数据进行计算。使用评分结果计算指数的优点是评分结果已是无量纲正向化数据,计算过程较为简单;其缺点是(1)评分结果依赖《标准》,如果评分标准变化则评分结果相应变化,无法保证指数的延续性和一致性;(2)超出评分标准的测试成绩被忽略,无法完全体现学生的实际水平;(3)评分结果是一种聚类数据,较原始测试数据粒度增加,导致指数区分度降低。使用原始测试数据计算指数的优点是能够完整体现各指标的原始信息,数据粒度较细,指数区分度较好,且不受评分标准影响;缺点是存在正向数据、反向数据和区间数据,计算较为复杂。由于综合指数是为了分析整体或部分群体的体质健康变化宏观情况,为保持指数的相对独立性、细节性、全面性和详实性,本研究选择原始测试数据进行无量纲指数计算。

第八章第三节中的指标数据集中已经说明了指标属性分为:正向指标、反向指标和区间指标,由于正向指标值和反向指标值均属于单调线性数据,可直接用于计算综合指数;由于区间指标的非线性特征,需将其转换为单向指标方可用于计算综合指数,且转换后的分布属性应与体系内其他指标相似并具有可加性。BMI 指标数值在最佳区间内为优,根据指标含义从分析价值上看可忽略其大小,即在最佳区间内的数值即为最优值;BMI 指标数值在最佳区间外为劣,并且该数值与最佳区间的距离反映了该值的差异程度。根据以上思想,本研究构建的BMI 区间指标数值转化算法如下:

$$f(x)\begin{cases} P-1 & x < P \\ 0 & P \leq x \leq Q \\ x-Q & x > Q \end{cases}$$

式中,x 为学生的实际 BMI 数值,P 为《标准》中规定的 BMI 最佳区间各年级最小值,Q 为《标准》中规定的 BMI 最佳区间各年级最大值,《标准》规定的最佳区间数值如表9－1所列。当x在[P,Q]区间内,则函数结果为0,当x小于区间最小值P时,函数值为P—x,当x大于区间最大值Q时,函数值为x—Q。转换后的BMI指标成为反向指标,能够反映出学生实际BMI值与最佳区间的距离,即数值越小越靠近最佳区间,指标值越优;数值越大越远离最佳区间,指标值越劣。

表9－1　《标准》规定的BMI最佳区间值

年级	男		女	
	P	Q	P	Q
小学1年级	13.4	18.2	13.2	17.4
小学2年级	13.6	18.5	13.4	17.9
小学3年级	13.8	19.5	13.5	18.7
小学4年级	14.1	20.2	13.6	19.5
小学5年级	14.3	21.5	13.7	20.6
小学6年级	14.6	21.9	14.1	20.9
初中1年级	15.4	22.2	14.7	21.8
初中2年级	15.6	22.6	15.2	22.3
初中3年级	15.7	22.9	15.9	22.7
高中1年级	16.4	23.3	16.4	22.8
高中2年级	16.7	23.8	16.8	23.3
高中3年级	17.2	23.9	17	23.4
大学生	17.8	24	17.1	24

(三)学生体质健康综合指数算法

在学生体质健康综合指数数学模型和指标属性分析的基础上,可构建综合指数的具体计算方法。

1.前期准备

在计算之前,需对《标准》中各年级测试指标权重和测试指标进行编号处

理,具体方法是:

(1)对各项测试指标用数值进行编号,分别为 BMI =1,肺活量 =2,50 米跑 =3,坐位体前屈 =4,跳绳 =5,仰卧起坐 =6,往返跑 =7,立定跳远 =8,引体向上 =9,耐力跑 =10,并将测试指标编号存储于下标变量 i 中。

(2)对学生所处年级用数值进行编号,小学各年级分别为:1,2,3,4,5,6,初中各年级分别为:7,8,9,高中各年级分别为:10,11,12,大学各年级分别为:13,14,15,16,并将年级编号存储于下标变量 j 中。

(3)根据《标准》规定的不同年级测试指标权重构建权重值表,如表 9 - 2 所列,并将权重值表存于二维数组变量 W(i,j)中。计算指数时,使用学生的年级下标 j 和测试指标下标 i,按不同性别在权重值表变量 W(i,j)中查询对应的权重值,例如一名大学 2 年级男生所使用的各项测试指标权重分别为 BMI 权重值:W(1,14) = 0.15;肺活量权重值:W(2,14) = 0.15;50 米跑权重值:W(3,14) = 0.2;坐位体前屈权重值:W(4,14) = 0.1;立定跳远权重值:W(8,14) = 0.1;引体向上权重值:W(9,14) = 0.1;1000 米跑权重值:W(10,14) = 0.2,权重合计为 1。

表 9 - 2　各年级测试指标权重值表 W(i,j)

序号	测试指标(i)	年级(j)			
		小学 12 年级 (1,2)	小学 34 年级 (3,4)	小学 56 年级 (5,6)	初中以上 (7 ~ 16)
1	BMI	0.15	0.15	0.15	0.15
2	肺活量	0.15	0.15	0.15	0.15
3	50 米跑	0.2	0.2	0.2	0.2
4	坐位体前屈	0.3	0.2	0.1	0.1
5	跳绳	0.2	0.2	0.1	
6	仰卧起坐		0.1	0.2	0.1
7	往返跑			0.1	

续表

序号	测试指标(i)	年级(j)			
		小学 12 年级 (1,2)	小学 34 年级 (3,4)	小学 56 年级 (5,6)	初中以上 (7~16)
8	立定跳远				0.1
9	引体向上				0.1
10	耐力跑				0.2

2. 指数计算整体思路

学生体质健康综合指数的计算使用线性比例法进行去量纲计算。计算的整体思路是:

(1)确定指数的基期参考数据和范围。

(2)分别计算基期各年级各指标数据均值 $K(i,j)$ 和报告期各年级各指标数据均值 $X(i,j)$。

(3)按年级计算单指标指数,其中,正向指标指数计算公示为: $X(i,j)/K(i,j)$,反向指标指数计算公式为: $K(i,j)/X(i,j)$。

(4)根据表 9－2 的权重值表,按年级计算综合指标指数。

(5)根据各年级学生在总体学生中的占比,计算全年级学生的报告期综合指数。

该方法得到的综合指数以基期数据为参照,如果选择不同的基期数据,则同一报告期将得到不同的指数。因此,在后期分析和使用指数时应重点考虑基期的选择问题,为了在一个较长的时间跨度内使不同的报告期指数具有一定的比较意义,建议将基期固化为某一年度数据。当指数接近 100 时,说明报考期水平与基期水平持平;当指数大于 100 时,说明报考期水平优于基期水平,数值越大则学生体质健康水平增幅越大;当指数小于 100 时,说明报考期水平劣于基期水平,数值越小则学生体质健康水平降幅越大。

3.综合指数计算实例

下面以天津市各行政区综合指数计算为例,说明学生体质健康综合指数的计算方法,其中,j 为年级编码,i 为测试指标编码。

第 1 步:确定天津市各行政区综合指数基期年度和报告期年度数据范围。

第 2 步:计算报告期各区各年级学生总数在本区学生总数中的占比,存于数组变量 N(j)中。

第 3 步:计算报告期各区各年级各项测试指标数据的平均值,存于二维数组 X(i,j)。

第 4 步:计算基期各区各年级各项测试指标数据的平均值,存于二维数组 K(i,j)。

第 5 步:以基期各年级指标均值为参照,使用线性比例法对报告期各年级指标均值进行同向化去量纲计算,得到报告期各区各年级单项指标指数 T_PHI(i,j),其中正指标和反向指标应加以区分,计算公式为:

$$T\_PHI(i,j) = \begin{cases} X(i,j)/K(i,j) & i \in \{2,4,5,6,8,9\}, 1 \leq j \leq 16 \\ K(i,j)/X(i,j) & i \in \{1,3,7,10\}, 1 \leq j \leq 16 \end{cases}$$

第 6 步:使用各年级测试指标权重 W(i,j),计算各区各年级综合指数 D_PHI(j),计算公式为:

$$D\_PHI(j) = 100 \times \sum T\_PHI(i,j) \times W(i,j)$$

第 7 步:根据各区各年级学生人数占比情况 N(j),计算出该区综合指数 PHI,计算公式为:

$$PHI = \sum D\_PHI(i,j) \times N(j)$$

通过以上计算,可得到以基期各行政区指标均值为参照的报告期各行政区综合指数,图 9 - 1 为使用模拟数据计算得到的天津市报告期各行政区学生体质健康综合指数,指数的大小通过颜色深浅进行表示。上述方法易于计算编程实现,可较好地应用于我市学生体质健康网络服务平台建设中,提供更加直观和深入的分析服务。

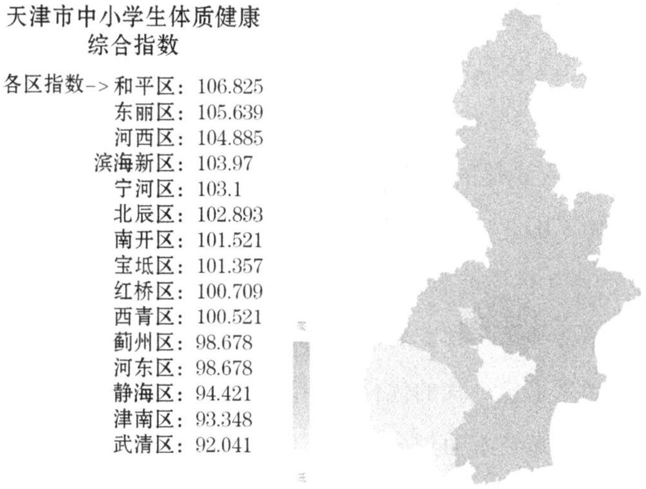

天津市中小学生体质健康
综合指数

各区指数-> 和平区：106.825
东丽区：105.639
河西区：104.885
滨海新区：103.97
宁河区：103.1
北辰区：102.893
南开区：101.521
宝坻区：101.357
红桥区：100.709
西青区：100.521
蓟州区：98.678
河东区：98.678
静海区：94.421
津南区：93.348
武清区：92.041

图 9 - 1　模拟计算得到的天津市各区综合指数分布图

三、数据价值挖掘服务

(一)数据挖掘技术的主要作用

1. 数据挖掘技术能够提高数据管理和服务效能

基于大数据的数据挖掘技术能够更加全面、准确和可靠地分析和利用学生体质健康数据。传统的学生体质健康数据管理通常存在数据重复、数据缺失、数据错误等数据质量问题,给管理人员增加大量额外的数据校准工作。数据挖掘技术通过数据清洗、填充及纠正等处理技术,能够改善数据的质量,消除潜在的数据隐患。此外,数据挖掘技术还能够从海量数据中挖掘出隐藏的关系和规律,进一步提高学生体质健康数据的社会服务能力,使学生体质健康数据发挥出了真正的决策和应用价值,有助于政府、管理部门、家长、教师和学生更好地了解学生体质健康情况,从而有效提高学生体质健康整体水平。

2. 数据挖掘技术能够促进数据精细化分析

学生体质健康数据的精细化分析是体育教育事业发展的重要环节,而数据挖掘技术为学生体质健康数据的精细化分析提供了新的方法和手段。通过对历史数据的挖掘和分析,能够建立学生体质健康画像、识别学生体质健康发展趋势、追踪学生体育锻炼效果等,此外,数据挖掘技术还能综合分析不同数据的源数据,从而产生更加丰富的分析结果。通过精细化分析,为教师和学生推荐更加准确、定制化、个性化、合理化的运动处方,提高教师个性化教学效果,降低学生体育锻炼成本和风险。因此,数据挖掘技术能够推动学生体质健康工作的精细化和智能化发展,为学生体质健康数据的高效利用提供了坚实的技术基础。

3.数据挖掘技术能够优化数据采集过程

学生体质健康数据采集过程的优化对于降低成本、提高效率和增加数据容错性至关重要。数据挖掘技术通过分析上下游数据,可以识别采集过程中的数据不一致等潜在问题,提前检测出学生体质健康数据的异常,预测数据维护需求,减少人工处理环节时间。此外,数据挖掘技术还可为管理者提供实时监控数据的方法。

(二)学生体质健康数据挖掘面临的主要问题

1.数据质量和一致性

学生体质健康数据挖掘面临的首要问题就是数据的质量和一致性问题。由于学生体质健康管理和分析通常涵盖多个数据源和时间段的数据,导致数据可能存在错误、缺失、重复或不一致等问题,这些问题会影响数据挖掘的准确性和可靠性,需要在挖掘过程中实施数据清洗、纠错和一致性处理,以确保分析的有效性和可靠性。

2.海量数据的计算和存储

学生体质健康数据规模庞大,对于高效计算和存储这些大规模数据是个巨大的挑战。传统的数据计算和存储方法不足以应对这一问题,需要采用高性能计算和分布式存储系统来处理大规模数据。此外,数据的备份和安全性也是重要问题,必须确保数据不会丢失或免受未经授权的访问。

3.复杂性和多样性

学生体质健康数据挖掘通常要面对数据源和数据格式的多样性、复杂性问题,数据类型可能包括结构化数据、半结构化数据和非结构化数据,使用数据挖掘技术时要从复杂、多样性的数据中分析提取有价值的信息,还要开发适应性强的算法和工具以应对不同类型和来源的数据,以确保数据挖掘的可行性和准确性。

(三)学生体质健康数据挖掘应用的主要策略

1.常用的数据挖掘技术

数据挖掘技术在学生体质健康管理中拥有广泛的应用前景,以下是常见的数据挖掘技术:

(1)聚类分析(Clustering)

聚类分析是一种无监督的机器学习算法,不需要预先定义类别或标签,其目标是将数据样本按照其相似性或距离进行分组,使得同一组内的数据尽可能相似,而不同组之间的数据尽可能不同。这种方法通常用于探索性数据分析,发现数据中的潜在结构和关系。聚类分析是通过数据建模简化数据的一种方法,包括系统聚类法、分解法、加入法、动态聚类法、有序样品聚类、有重叠聚类和模糊聚类等。将学生体质健康数据进行聚类分析,可以发现不同体质健康水平学生的分布模式,根据学生体质健康分布模式,可以制定针对该类学生的特定健康促进策略。

(2)分类分析(Classification)

分类分析是一种有监督的机器学习算法,是基于已知的带有标签或类别的训练数据集对新数据进行分类,通过学习训练数据集中的特征和标签之间的关系,建立一个分类模型,然后将这个模型应用于新的未知数据,以预测其类别。在学生体质健康数据分析中,使用分类分析可基于往年体质健康数据预测未来的发展趋势和结果,通过计算相关系数,衡量不同指标之间的相关性,从而发现指标之间的线性关系强度和方向。

(3)关联规则挖掘(Association Rule Mining)

关联规则挖掘属于无监督的机器学习算法,主要用于发现数据集中频繁项集之间的关联关系,挖掘结果通常用关联规则或频繁项集的形式表示。通过关联规则挖掘可以更好地理解数据,发现隐藏的知识,揭示事物之间的相关性,找出数据背后的规律和模式。关联规则反映了对象之间的相互依赖关系,可以通过一个对象的行为或属性预测其他对象的行为或属性,这种关系不是因果关系,但可以用于理解数据间的关联关系,从复杂的数据集中提取有用的信息,从而进行预测和分析,为决策提供支持。在学生体质健康数据挖掘中,可以使用关联规则挖掘测试指标之间的相关性,通过分析测试指标成绩发现指标之间的关联性,即一项测试指标成绩高的同时另一项测试指标成绩也高,据此研究制定相关运动处方干预的策略。

(4)预测建模(Predictive Modeling)

预测建模是指通过数据分析技术,从大量、复杂的数据中提取数据特征、规律和模式,并构建模型进行数据预测和决策支持的过程。根据学生体质健康历史数据所反映出的学生特征,建模预测学生未来的体质健康情况,通过实际体质健康情况与预测体质健康情况的对比,可以预测学生体质健康发展是否正常,以便及时进行运动干预。

(5)文本挖掘(Text Mining)

文本挖掘是抽取有效、新颖、有用、可理解的、散布在数据中有价值的知识,并且利用这些知识更好地组织信息的过程。通过文本挖掘技术分析学生体质健康数据中的文本数据,可以提取有关学生体质健康发展的某些关键信息。

(6)用户画像(User portrait)

用户画像又称用户角色,作为一种勾画目标用户、联系用户诉求与设计方向的有效手段,用户画像在各领域得到了广泛应用。在学生体质健康信息化公共服务领域,使用用户画像的价值挖掘技术,可以探索采集—分析—上报—共享—开放—挖掘—反馈—追踪的全生命周期学生体质健康大数据链服务机制,使用多维数据分析和数据可视化技术构造学生画像、班级画像和学校画像,从而形成可视化的数据资产,还可以构造主题场景和管理驾驶舱,进行数据分析结果的多维度、动态实时展示,对有效促进天津市学生体质健康工作的良性发展起到积极的推动作用。

2.主要应用策略

(1)多源数据整合策略

第一,数据标准化和命名规范化策略。为了有效整合多源数据,需要制定一套统一的数据标准和命名规范,包括确定数据字段的名称、数据单位以及数据类型等统一规则。例如,不同数据源中身高数据有的以厘米为单位进行存储,有的以米为单位进行存储,为了有效整合数据,需将数据标准化为相同的单位。此外,为每个数据字段进行规范化命名也是关键,以确保不同数据源的数据字段具有一致的语义,减少数据整合的复杂性。

第二,数据集成和数据仓库建设策略。数据集成是将不同数据源的数据整合到一个数据仓库的过程。数据仓库的建设是为了存储和管理整合后的数据,确保数据的可用性和安全性,应考虑数据的存储结构、数据备份策略以及访问权限控制等方面的问题。数据仓库的建设还需要根据业务需求实施数据模型设计,以支持后续的数据挖掘和分析。

第三,数据质量控制策略。多源数据通常存在数据质量问题,如数据错误、缺失或重复等。为了确保整合后的数据质量,需要制定数据质量控制策略,包括数据清洗、数据填充和数据纠错等操作。此外,还需要建立数据质量监控体系,定期检查和维护数据的质量,确保整合后数据的可信度和准确性。

第四,数据集成工具和技术选择策略。选择合适的数据集成工具和技术对于多源数据整合至关重要,例如,使用 ETL(抽取、转换、加载)技术实现多数据源的数据集成。不同的数据集成工具和技术具有不同的优势和适用性,有的工具适用于批量数据集成,而有些适用于实时数据集成。选择工具和技术时要考虑数据的规模、复杂性以及实时性要求,还要考虑计算资源的可用性和成本因素,选择与业务需求最适合的数据集成工具和技术,以支持多源数据的有效整合与利用。

（2）特征工程和数据预处理策略

第一，特征选择策略。在开展特征工程时，需要从原始数据中选择最相关和最具信息量的特征，以降低维度和提高模型的精确性。特征选择可以基于统计方法，如方差分析、相关性分析，也可以基于机器学习算法，如决策树、随机森林等。主要策略是识别和排除冗余的特征，选择与目标变量相关性较高的特征，简化模型，减少过拟合风险，提高模型的泛化性能。

第二，特征构建策略。特征构建是根据原始数据创建新的特征，以增强数据的表达能力和模型的性能。主要策略是利用对数变换、标准化等数学变换来改善特征的分布和尺度，还可以通过组合不同特征，创建交互特征，以捕捉特征之间的相关性，还可以利用领域知识来构建领域相关的特征，提高模型的解释性和可理解性。特征构建有助于丰富数据的信息表达，提高模型的性能和可解释性。

第三，数据预处理策略。数据预处理包括数据清洗和异常值处理，以确保数据的质量和可靠性。主要策略是识别和处理缺失值，并通过填充或删除操作进行数据预处理，使用3σ原则或箱线图等统计学方法来识别异常值，并根据问题领域和数据特点选择截断、替换或删除等异常值处理方法。

数据预处理还包括数据规范化和编码，使数据适合模型训练，提高模型性能和稳定性。规范化的主要策略是采用最小—最大规范化、2-score 规范化等方法将不同尺度的特征规范化到相同的尺度范围内，以防止模型受到特征尺度的影响。编码的主要策略是根据特征的性质和数量采用独特编码、标签编码等最合适的编码方式对类别特征实施编码，将其转换为数值型特征，以便模型处理。

（3）算法选择和模型建立策略

第一，问题背景和数据分析。问题背景和数据分析有助于明确建模的方向和目标，在选择算法和建立模型之前，需要深入理解问题的背景和数据特点，包括了解问题的目标、业务需求和约束条件以及数据的来源、类型和分布。通过对问题背景和数据的分析，确定适合解决问题的算法类型和建模方法。例如，对于分类问题，需要确定是否需要考虑类别不平衡；对于时间序列数据问题，则需要考虑数据的时序性。

第二,算法选择策略。算法选择是根据问题的特点和数据的特征选择合适的机器学习算法或建模方法。选择算法时需考虑算法的适用性、性能和复杂性,复杂的算法可能需要更多的计算资源和时间。综合考虑这些因素,选择最合适的算法用于建模。

第三,特征工程和模型调优策略。在建立模型之前,需要实施特征工程和模型调优,以提高模型性能和泛化能力。特征工程包括选择合适的特征、构建新的特征、处理缺失值和异常值等,主要策略是根据问题背景和数据分析选择特征,使用领域知识构建有意义的特征以及利用数据预处理技术解决数据质量问题。模型调优包括选择合适的超参数、交叉验证和模型融合等,主要策略是通过网格搜索、随机搜索等方法来选择最佳的超参数,使用交叉验证来评估模型的性能,将不同模型的结果进行融合来提高模型的稳定性。

第四,模型解释和评估策略。建立模型后,需要开展模型解释和评估,以确保模型的可解释性和性能。主要策略是使用解释性技术来解释模型的预测结果,如特征重要性分析、SHAP 值分析等,使用合适的性能评估指标来评估模型的性能,如准确度、召回率以及 AUC 等。另外,还需要考虑模型的稳定性和鲁棒性,通过对抗性测试和稳健性分析来评估模型在不同情况下的表现。模型解释和评估有助于理解模型的内在机制,发现模型的局限性,为业务决策提供可信的依据。

(4)结果解释和业务应用策略

第一,可视化和可解释性分析策略。在解释模型的结果时,可视化和可解释性分析是关键策略之一。通过可视化工具和技术,将模型的输出结果以直观的方式展示给业务决策者,有助于业务决策者理解模型的结果,增强对模型的信任度。

第二,业务应用和决策制定策略。模型的结果需要转化为实际的业务应用和决策。主要策略是与业务决策者密切合作,将模型的输出结果与实际业务需求相匹配,制定明确的决策流程,以便于根据模型输出结果制定相应的决策,确保模型的应用对业务产生积极的影响。

第三,模型性能监控和迭代策略。模型性能监控和迭代策略有助于保持模型的稳定性和可靠性,模型的性能不是一成不变的,需要定期实施性能监控和迭代优化。主要策略是建立监控体系,定期评估模型性能,如果模型的性能下降或不符合预期,则需要采取相应的优化措施,可能包括重新训练模型、调整特征工程、更新数据等。此外,还需建立反馈机制,从业务应用中获取反馈信息,用于模型的改进和优化。

四、数据接口服务

数据接口服务是天津市学生体质健康信息化公共服务的重要组成部分,使用标准化数据接口可以实现南北向数据共享,数据经脱敏后实现东西向数据开放。数据北向可上传至国家学生体质健康数据库和天津市资源共享库,南向接收下级子数据库数据;东西向实现学校之间、教师之间、学生之间的横向数据开放。标准化的数据接口还可以保障数据上报主体学校对数据的基本管理功能,实现不同级别用户在保障数据安全的前提下对数据的查询和下载,实现数据在政务部门、管理机构和学校之间跨区域、跨平台的数据共享,并具备向社会和个人开放的能力。

(一)数据接口概述

天津市学生体质健康信息化公共服务应实现对各项数据交换的标准化管理,包括接口定义、数据交换格式、数据请求方式等,对于学生体质健康数据实现信息的自动化、流程化管理,提高学生体质健康信息化服务水平具有重要的意义。如果没有统一、规范的数据接口,则在学生体质健康管理过程中将产生数据交换不顺畅、信息项不同、数据结构不一致、描述信息不规范等诸多问题,给不同业务部门之间、不同系统之间进行数据共享和交换造成一定困难。数据接口规范用于定义接口的访问方式、访问步骤、服务请求和服务响应等一系列接口操作单元。通过对学生体质健康数据及其属性的规范化和标准化,能够使不同用户对数据拥有一致的理解、表达和标识,可以有效实现和增进跨系统和跨环境的数据共享。随着"互联网＋教育＋体育"的快速发展,对于学生体质健康信息化公共服务规范性的要求也越来越高,急需对学生体质健康信息化公共服务开展标准化数据接口研究,建立统一的数据接口规范,从而为学生体质健康信息的采集、交换、共享提供支撑和保障。

(二)数据接口的分类

1. 从功能业务上分类

天津市学生健康信息化公共服务平台所需设计的通用接口包括教育部平台的接口、市级其他平台接口、数据访问通用接口、平台基础功能接口和外部设备接口。

(1)教育部平台接口

按教育部技术要求和规范实现的与"国家学生体质健康标准管理与分析系统"进行数据对接的接口,以实现本市数据的集中上传。

(2)市级其他平台接口

天津市学生健康信息化公共服务平台建成之后形成丰富的学生健康档案信息,能够为各级教育行政部门和其他部门提供数据共享服务,因此,在建设过程中需考虑与市级其他平台进行数据对接的接口设计。其中需要特别注意的是,由于不同平台间网络不同(电子政务外网、互联网、教育网等),可能存在内外网的隔离,内、外网接口不能直接互相调用等情况,所以有以下两种处理方法:一种方法是内、外网的数据先通过数据交换的方式同步,然后再使用本地封装的接口进行接口调用,这种方法比较适合交互性、即时性要求较高的事务型业务操作;另一种方法是将接口封装成数据结构,通过数据交换发送到另一个网段,然后再在另一个网段调用相关接口来实现业务功能,这种方法比较适合事件驱动型业务操作。

(3)数据访问通用接口

数据访问通用接口主要是按照标准规范建设的通用数据访问接口,主要满足管理部门、学校、教师、学生、家长等用户对学生体质健康测试数据、诊断结果、运动处方等的查询服务,为平台的数据开放服务提供技术支持。

(4)平台基础功能接口

平台基础功能接口指的是平台基础支撑组件提供的大量平台级功能接口,为平台的建设提供系统级支持,为业务功能的构建提供应用级支撑。这些功能接口包括全局配置、身份认证、单点登录、组织机构管理、用户管理、权限管理、字典管理、菜单管理、应用日志、缓存处理、界面框架等数据接口。

(5)外部设备接口

外部设备接口指的是与平台支持的各类体测设备进行的数据传输接口,以及与短信平台、邮件系统、移动终端、支付系统等进行数据传输的接口。

2.从接口调用上分类

(1)API 接口

API 是一组公共方法和属性,用于与其他代码进行交互,主要作用是为开发人员提供一系列调用系统功能的函数集。研发人员通过调用 API 函数对应用程序进行开发,可以降低编程的复杂度。API 同时也是一种中间件,为各种不同平台提供数据共享和交换服务。API 接口具有以下优点:

- 提高系统的互操作性。API 接口可以让不同应用程序之间进行数据共享和功能交互,从而实现系统的互操作性。开发者通过调用其他应用程序的功能,将其集成到自己的应用程序中,从而提高应用程序的功能和体验。

- 降低开发成本和时间。通过调用 API 接口来调用其他应用程序已经开发好的功能和数据,从而避免重复的开发工作,减少了开发成本和时间。

- 提高系统的安全性和稳定性。API 接口可以规定数据的传输方式、传输协议、传输内容等,从而实现高效的数据传输和访问控制,提高系统的安全性和稳定性,保证数据的完整性。

- 促进应用程序的创新和发展。API 接口可以为开发者提供无限的创新和发展空间。开发者可以根据自己的需求和创意,利用已有 API 接口开发功能丰富的定制化应用程序,从而为用户提供更好的服务。

综上所述,API 接口的优势是非常明显的,这使得 API 接口成为应用程序开发中不可或缺的一部分。

(2)HTTP 接口

HTTP 接口通过 TCP 协议建立一个与服务器的连接通道,当本次请求需要的数据传输完毕后,HTTP 接口会立即将 TCP 连接断开。HTTP 接口具有以下特点:

- 支持客户端/服务器模式。客户端/服务器模式的工作方式是由客户端向服务器发出请求,服务器响应请求,并进行相应服务。

- 简单快速。客户端向服务器请求服务时,只需传送请求方法和路径,常用的请求方法有 GET、HEAD 和 POST,每种方法规定了客户端与服务器联系的不同类型。由于 HTTP 接口相对简单易用,使得 HTTP 接口的程序规模小,因而通信速度较快。

- 灵活性。HTTP 接口允许传输任意类型的数据对象。传输的类型由 Content-Type 加以标记。

- 无连接。即限制每次连接只处理一个请求。服务器处理完客户端的请求并收到客户端的应答后立即断开连接,这种方式可以节省传输时间。

- 无状态。无状态意味着如果后续处理需要前面的信息,则必须重传,这样可能导致每次连接传送的数据量增大。但另一方面在服务器不需要先前信息时,服务器的应答也较快。

(三)标准化数据接口的意义及必要性分析

1.接口数据规范化的意义

接口数据规范化就是将所有数据规范到相似的范围,原始数据经过数据规范化处理后,各指标处于同一数量级,更适合综合对比评价。数据规范化的意义在于以下三点:

（1）提高数据纯净度和数据一致性

数据规范化可以让不同维度之间的同一数据拥有相同的表达方式，避免不必要的重复存储，防止数据的不一致性和更新异常，同时也可以避免数据冲突。

（2）提升查询、计算速度

数据规范化后，数据结构更加简洁，减少数据库查询时的连接和过滤操作，从而提高查询和计算性能，及时响应用户需求。

（3）减少存储空间，保持系统稳定

数据规范化后，数据库的表结构更加紧凑，算法效率进一步提升，避免了很多异常操作，同时降低了计算复杂度，有利于保持系统稳定。

2.接口协议的必要性

一个系统只有和其他系统产生关联，互相之间进行数据对接和传输，才能发挥真正的功能和作用。当有多个系统支持业务运行时不同系统间的数据交互将不可避免。软件系统之间的接口是实现一个系统与其他系统进行信息交互的桥梁，制定统一的接口协议便于系统间的数据交换和系统维护，节约后续开发成本。接口协议直接影响需求端和服务端之间数据传输的效率和质量，同时降低数据对接过程中的错误率。

3.接口规范的必要性

接口规范是一种重要的设计模式，是被定义的一组规则，开发人员共同遵守这些规则来开发程序模块，从而使各程序模块具有一致的输入输出接口。接口规范主要用于实现多态性，多态性是一种面向对象编程的重要思想，提供了一种松散耦合的方式来定义类之间的关系。多态性是指允许不同类的对象对同一消息做出响应，但实现这些响应的具体方法可以不同，这种特性使得程序更加灵活和可扩展。多态性通过继承和方法的重写来实现，即允许子类改变或重新定义父类中已有的方法，这样，当使用一个共同的接口与不同对象进行交互时，每个对象可以根据自己的类型以特定的方式响应这个接口，从而实现不同的行为，提高代码的可重用性和可扩展性。接口规范的主要目的是为了实现系统功能的解耦和灵活性,通过定义接口规范,可以将不同的功能模块进行分离,降低模块之间的耦合度,当需要修改某个功能模块时,只要保持接口的稳定性就不会影响其他模块的正常运行。此外,接口规范还有助于代码的维护,当更新业务功能时减少对原有代码的改动,提高不同版本代码间的兼容性和与其他系统交互的兼容性。

五、数据仓库服务

1. 数据仓库概述

在数据库设计的基础上,进行面向主题的、集成的、相对稳定的、反映历史变化的数据仓库设计,为后期的决策分析和联机分析提供数据服务。数据仓库由数据库发展而来,但两者在很多方面存在较大差异,数据仓库已经脱离了软件产品的范畴,是一种综合性的解决方案。数据仓库是面向分析主题的、历史数据的、多维的数据集合,主要面向数据分析以及管理决策,需要对数据根据主题进行清洗、加工、汇总,形成规范、统一的全局信息;而数据库则是面向业务的、来源单一、查询量小,可以进行实时的数值处理,主要用于面向局部业务的数据查询等处理工作。

2. 总体架构

数据仓库服务于围绕数据开展的一系列复杂处理,考虑目标、处理性能和降低复杂性等因素,可将数据仓库总体架构设计为两区三层,二区即数据缓冲区和目标数据仓库区,三层即数据贴源层(ODS 层)、全局数据仓库层和数据集市层。数据贴源层处于数据缓冲区,主要用于存储从联机事务处理(OLTP)系统中以全部或者增量方式抽取的原始数据,此过程无需经过复杂的数据操作,数据基本和数据源保持一致。全局数据仓库层处于目标数据仓库区,主要用于存储经过转换、清洗后的数据贴源层明细数据。数据集市层处于目标数据仓库区,主要用于存储数据分析统计后的结果数据。由于统计结果数据与明细数据经常发生下卷或上卷等关联操作,所以将数据集市层与全局数据仓库放在同一数据区,可以提高前端展示的响应速度。

3. 数据模型

数据仓库采用多维数据模型并通过优化数据的组织和存储方式,可提供高效、灵活的数据处理和分析查询能力,以满足复杂的数据查询和分析需求,是实现联机分析处理(OLAP)数据平台的重要手段。多维数据模型由维表和事实表组成,其中维表是描述实体的元信息,如名称、格式、类型等,帮助用户从多个角度分析数据;事实表则包含了用于数据分析的核心度量值,如指标值、测试成绩、运动处方等。多维数据模型支持星型模型、雪花模型和事实星座模型等多种数据库模式,以满足不同的数据处理和分析需求。星型模型是一种非正规化的结构,其中每个维表直接连接到事实表,提供了一定的数据冗余以提高查询效率。雪花模型是对星型模型的扩展,通过进一步层次化维表来减少数据冗余并优化查询性能。而事实星座模型则允许多个事实表共享维表,适用于复杂的应用场景。

4. 数据融合

数据融合是根据业务的关联性将不同来源、不同格式、不同结构的数据进行跨系统整合的过程,不同来源是指数据来自不同的数据库、文件系统、传感器或网络等,不同格式是指数据可能为数据库、文本、图像或视频等多种文件格式,不同结构是指数据可能为结构化数据、半结构化数据或非结构化数据。在数据仓库中主要使用维表的关联性实现数据融合,在数据模型中通过分别设置存放维度信息的维表和存放业务数据的事实表,以便于基于维度的统计分析和数据融合。

5. ETL 过程

ETL 是数据抽取(Extract)、转换(Transform)和加载(Load)的缩写,它是将数据从 OLTP 系统中转移到数据仓库的一系列操作的集合,贯穿数据贴源层、全局数据仓库和数据集市的数据处理全过程,是数据仓库实施的主要过程,关系到数据仓库实施的成败。数据仓库主要通过 ETL 过程与定时任务调度相结合的方式实现将数据从 OLTP 系统中转移到数据仓库中,ETL 过程需要注意以下几个方面：

（1）合理的数据抽取方案。ETL 主要针对 Oracle、SOLServer、MySQL 等 OLTP 系统的数据库进行非侵入式操作,应根据数据量、实施难度等因素制定增量或全量抽取方案。

（2）维度数据的 ETL 过程。将 OLTP 系统中的源数据通过 ETL 抽取并存储到数据仓库中,形成维度数据表,OLTP 系统更新时,同步向数据仓库的维度表中新插入一条数据,通过添加时间戳来确保在任何时间点都能找到唯一的维度数据,每行数据由代理主键来唯一标识。

（3）业务数据的 ETL 过程。业务数据在数据仓库中存放在事实表中,业务数据的 ETL 过程需要注意将维度数据的代理主键添加到属性字段中,并结合维度数据进行跨系统业务数据的融合。

（4）定时任务调度。要基于 ETL 过程开发任务调度功能,实现 ETL 任务的维护和管理,能够查看日志,及时处理异常任务,确保 ETL 高效运行。

六、数据共享和开放服务

数据的提供者同时也是数据的服务者,数据要进得来还要出得去,真正发挥学生体质健康数据的价值必然要求数据共享和开放。数据共享和开放服务的主要工作是制定数据共享和开放的目录、规范和管理体系,实现与国家学生体质健康数据库和天津市政务信息资源共享交换平台的数据共享,实现面向社会、学校、教师和学生的数据开放。

1. 数据共享和开放的意义

天津市学生体质健康数据的规模体量庞大、类型来源丰富、开发应用潜力巨大,作为一种具备公共属性的数据资源,倘若能被充分开发利用,其潜在价值得到深入挖掘,必将创造出巨大的管理价值和社会价值。近年来,相关政策和法律不断出台,使学生体质健康数据共享和开放具有了强大的政策推动力。在政策层面上,国家及各地政府密集出台大量相关文件,为推动学生体质健康数据共享和开放提供有力的制度保障,例如中共中央、国务院印发的《关于构建数据基础制度更好发挥数据要素作用的意见》指出:对各级党政机关、企事业单位依法履职或提供公共服务过程中产生的公共数据,加强汇聚共享和开放开发,强化统筹授权使用和管理,推进互联互通,打破"数据孤岛"。在法律层面上,由于个人数据涉及国家利益、公共安全和个人隐私,具有高度的敏感性,对其在开放过程中的数据安全和隐私保护要求格外严格,《中华人民共和国数据安全法》中明确指出鼓励数据依法合理有效利用,但同时也要保护个人、组织与数据有关的权益。就共享和开放的目的而言,在全国各地学生体质健康数据共享和开放的实践探索中,均明确强调了学生体质健康数据共享和开放对于促进学生全面发展、学校体育工作管理、提高学生体质健康水平、推动体育强国建设具有重要的作用。

2. 面临的主要问题

从天津市学生体质健康数据共享和开放的实践上看,目前仍存在一些体制机制问题。首先,针对学生体质健康数据共享和开放的规范细则和体制机制仍不完善,对于数据共享和开放的范围、标准和流程尚不明确;其次,在数据共享和开放过程中存在实用性不足、时效性弱、连续性差等问题,存在"有目录无数据"、"有数据无价值"等现象,从而无法被有效挖掘和利用;最后,数据共享和开放的供需对接不够精准,存在单向公开、缺乏互动等问题,未能有效洞察社会主体对于政务数据共享和开放的真实需求,急需按照实际用途有针对性地加大共享和开放的力度。

出现上述问题,部分是由于学生体质健康数据共享和开放进程过缓,相关制度体系建设、数据归集治理、良性生态构建等均需一定时间进行探索完善。但总体来看,当前核心问题仍是学生体质健康数据价值释放与隐私信息安全保护之间的矛盾。

3. 数据的隐私保护

维护国家数据安全、保护个人隐私是学生体质健康数据共享和开放的前提与生命线,就数据生命周期而言,数据使用阶段是当前数据安全的薄弱环节,其安全问题主要包括计算的不可信问题以及对原数据的窃取行为。由于担忧数据泄露或滥用而导致的不可控风险,部分省市对学生体质健康数据共享和开放仍存在一定顾虑,如何提升学生体质健康数据共享和开放的安全保障力度、降低涉及个人隐私和数据安全的潜在风险、有效统筹发展与安全,成为不可回避、亟待破解的难题,而隐私计算作为保障数据安全流通的技术最优解,其在学生体质健康数据共享和开放领域具有重要的价值和关键作用。

隐私计算(privacy-preserving computation,PPC)能够将数据可见的具体信息部分和不可见的计算价值部分进行分离,实现"数据可用(可计算)不可见(不可获取)",进而消除各个数据协同方对于数据安全和隐私泄露的顾虑,从而以技术手段有效破解"数据孤岛"困境,其本质是一种由多个参与方在安全信任的条件下进行联合计算的技术,利用隐私计算技术可以在不受信任的环境和多方数据分析场景中处理数据,各参与方能够在不泄露各自原始数据和个人数据隐私的前提下实现数据安全流通,达到原始数据不出域、"数据可用不可见"的效果。

目前,隐私计算技术已在多份涉及政务数据开放的相关文件中被明确提及,其作为关键基础设施支撑的作用已被充分肯定,例如国务院《全国一体化政务大数据体系建设指南》中提出:"基于全国一体化政务大数据体系,建设政务数据开放体系,通过国家公共数据开放平台和各地区各部门政务数据开放平台,推动数据安全有序开放。探索利用身份认证授权、数据沙箱、安全多方计算等技术手段,实现'数据可用不可见',逐步建立数据开放创新机制。"

基于隐私计算技术的学生体质健康数据共享和开放旨在面向各级管理部门、学生和教师以及其他数据需求方,提供安全可信的隐私计算服务,推动全市学生体质健康数据智能生态体系建设,实现数据价值的"重组式"创新。在数据流通过程中,政府部门之间的数据共享、政府与社会机构间的非涉密数据开放可以通过实用性强、灵活性高的 API 接口进行传输;而敏感数据则通过安全等级高、数据隐私性强的隐私计算接口进行交互,实现在技术和业务两个层面实现跨域数据共享和开放,融合数据应用全生命周期安全保障,提升数据存储、计算应用、通用支撑和服务管理能力。

4.数据共享和开放机制建设

(1)数据层

数据层建设是指不同维度的数据库,可分为学生体质健康基础信息库和学生体质健康分析诊断库。学生体质健康基础信息库主要存放学生体质健康指标数据、学校和人员基本信息、学校体育工作评估指标信息等;学生体质健康分析诊断库主要存放测试成绩、诊断结果、运动处方等信息,以及对数据的统计和挖掘结果、报表分析数据、主题展示数据等。

(2)服务层

服务层建设包含 API 数据融合系统和隐私保护计算系统两部分,以隐私计算为核心形成"双通道"交互模式。API 数据融合系统包括数据调度、数据管理、数据集成、数据封装、对接资源、任务调度等功能;隐私保护计算系统有隐私计算平台、模型服务平台和异构平台互联互通计算容器等功能。其中,隐私计算平台可以支持安全多方计算和可信联邦学习两种模式,并可提供平台运维管理能力和基于区块链的可信网关服务能力支撑。

(3)应用层

应用层建设主要为政府机构、各级学校和学生个人提供数据服务,是基于中心门户、用户功能和运营管理为一体的数据开放平台。中心门户主要包括展示首页、资源目录和服务目录等,可无缝接入已汇聚资源、集成存储计算资源、统一公共服务目录和服务管理等;用户功能主要包括个人中心、报表中心、用户注册、信息查询、任务管理等;运营管理主要包括用户管理、流量监控、统一认证、服务管理、资源管理、资源接入、节点管理、日志管理、流程管理和报表中心等。

第十章　学生体质健康
网络服务平台建设实践

采用计算机技术开发学生体质健康网络服务平台是将上述研究成果落地实施的有效途径。课题组基于 B/S 架构、ASP. Net 框架和 SQL Server 数据库对学生体质健康网络服务平台的基本功能进行了设计开发,实现了对学生体质健康多维度的个体评价和以班级为单位的群体评价,并以评价结果为依据进行体质健康诊断和生成运动处方,探索丰富、高效、便捷、实用、安全的天津市学生体质健康数据管理和分析服务手段。本章简要介绍平台的主要功能模块,使用非官方测试数据进行系统演示与说明。

一、建设目标

1. 对学生体质健康的评价和诊断是一个动态的、持续的过程,通过网络服务平台建设形成学生体质健康数据实时动态监测数据库,满足实时查询和分析需求,促进学校从"一年一测"向"一年多测"转型,为学生和家长"自测"提供评价和诊断手段。

2. 通过网络服务平台标准化、规范化的数据分析和挖掘功能,进一步规范学校学生体质健康测试工作,提高数据的精确度和有效性,为政府和社会提供宏观分析服务。

3. 通过网络服务平台实现我市学生体质健康数据在政府各部门、机构和学校之间的数据共享。

4.促进我市学生体质健康测试数据主动、有序、安全地向社会和个人开放。

5.建立学生体质健康数字档案,通过网络服务平台为学校和学生提供微观的数据分析和应用服务,为学校开展分层式体育教学提供可靠依据,推动结果性评价向过程性评价转变,从而进一步提高我市学生体质健康整体水平。

6.促进学生终身锻炼理念的形成。

二、建设原则

1.全面性原则

旨在构建促进学生体质健康发展的信息化服务示范模式,通过对学生体质健康测试数据的深度剖析,形成学生体质评价——体质诊断——运动处方——再评价——再诊断的闭环服务体系,并建立学生体质健康档案,实现持续的长效追踪机制。另外,平台将结合营养膳食、健康知识等附加功能,全面辅助学生体质健康发展。

2.可行性原则

在前期准备阶段,已进行必要的实地考察和专家访谈等基础工作,了解广大学生和体育教师的不同需求,确定平台的建设目标,为后期平台设计和搭建奠定基础。基于前期研究成果完成基础版网络服务平台的开发和测试工作,并在天津体育学院选取相关目标群体进行试用,得到学生和教师的一致好评。另外,目前学校的网络环境以及相关技术支持为本研究具体实施提供了完备的可行条件,为在线开放性网络服务平台的开发提供了保障。

3.可拓展性原则

采用可扩展的模块化系统架构以适应功能的增加、性能的提升等新的业务需求,各个模块可以独立地添加、删除或修改,而不影响其他模块,无须对整个平台进行重构,同时能够保持平台的稳定性、可用性、灵活性和可塑性,以便在未来能够轻松添加新功能或服务,而不需要对现有结构和代码进行大规模修改。

4. 开放性原则

本平台提供了标准的数据接口,方便其他平台与本平台进行方便的对接和信息交换。其中包括了身份验证接口、接口集成和信息数据交换等。

5. 规范性原则

平台建设要坚持单一职责原则、里氏替换原则、依赖倒置原则、接口隔离原则、迪米特法则、模块化原则、清晰性原则、可测试性原则、性能优化原则等规范性原则,以构建出更加健壮和灵活的学生体质健康信息化公共服务网络平台,确保平台的质量、可维护性、可扩展性和可重用性。

6. 标准化原则

通过剔除无效状态、确保数据一致性以及遵循数据标准等措施,确保平台的可靠性和高效性。剔除无效状态强调减少系统的无效状态数量,以简化平台并防止出现各种类型的错误。数据一致性是指对数据施加一致性规则,从而减少平台需要处理的状态数量。遵循数据标准是指严格按照学生体质健康数据标准进行平台研发工作。

7. 可靠性原则

采用模块化开发和松散耦合机制确保平台的长期稳定性和可扩展性。模块化开发是将平台功能划分为小型、独立的模块或组件,每个模块执行各自的特定功能,提高模块之间的独立性和可替换性。松散耦合机制是指组件或模块之间的交互要尽量减少,防止某个模块的修改影响其他模块运行,减少系统内部的依赖关系,从而提高系统的稳定性和可维护性。

8. 安全性原则

限定平台中每个用户的最小特权,确保可能的事故、错误、篡改等原因造成的损失最小,减少系统的潜在攻击点并确保只有必要的访问权限。采用隐私计算技术加强个人隐私数据保护;采用数据库加密技术提高数据安全性,防止数据泄露或被篡改;采用行为审计技术对用户行为进行追踪记录;加强网络安全防护措施,防止平台被恶意网络攻击。

三、权限分级设置

该平台主要面向各级教育主管部门、学校、教师和学生提供数据分析服务,根据各自的工作职责和管理需求确定权限,并将不同用户划分到具体权限组中。如图 10 - 1 所示为平台的权限用户组结构,其中,一级用户组为各级教育主管部门权限,二级用户组为校级管理权限,三级用户组为学校教师管理权限,四级用户组为学生或家长权限。各级用户组根据权限范围分别完成对应等级的数据管理和使用任务,查询对应级别的数据分析结果。

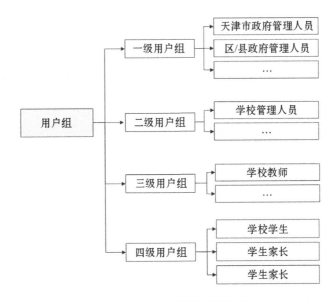

图 10 - 1　平台权限用户组结构

四、数据库设计

在天津市学生体质健康信息化公共服务需求分析的基础上,首先针对核心数据的存储和使用进行了数据库概念设计,建立抽象概念数据模型,然后进行数据库逻辑结构设计,进而给出了数据库物理结构基本规范。

(一)数据库概述

数据库是学生体质健康信息化公共服务平台建设的基础,直接影响到整个平台的开发、运行和后期的维护工作,因此数据库要依据统一规范的元数据标准,分析和研究各类数据及其内在联系,满足业务的实际功能和数据交互的实际需要,并适应新形势下业务拓展的可能变化,形成学生体质健康信息化公共服务的数据体系。学生体质健康数据采用关系型数据库进行存储,为了提高数据在I/O 操作时的效率,针对联机分析型(OLAP)数据和联机事务型(OLTP)数据之间的差异,需要进行数据库层面的优化,以提高相应业务处理的效率。为了降低关系型数据库在数据操作过程中的插入、删除异常、修改复杂,数据冗余等问题,本平台的数据库设计满足 BCNF 范式的基本要求,关系模式的规范化设计要尽量消除数据依赖中不合适的部分,使模式中的各关系模式达到某种程度的"分离",让一个关系描述一个概念、一个实体或实体间的一种联系,实现概念的"单一化"。

数据库管理系统对于学生体质健康信息化公共服务平台建设具有至关重要的意义。使用数据库管理系统可以保证数据的使用不会改变数据的物理结构,避免数据关联的消失,保持数据的独立性;实现学生体质健康数据的集中管理、有效使用和全面共享,减少数据冗余,避免数据的不一致性;实现数据的定义、操作、运行、存储、保护和维护等高效的数据管理,提高数据的利用率和存取效率;通过恢复、并发控制、完整性控制和安全性控制等机制,确保学生体质健康数据不会丢失或受损;通过载入、转换、转储、重组、重构以及性能监控等技术,保障学生体质健康数据的灵活使用和正常维护。

(二)数据库架构设计

1.读写分离架构设计

学生体质健康数据具有用户多、数据量大的特点,单个数据库服务器已经难以满足实际业务需要,必须考虑采用数据库集群的方式来提升性能。"读写分离架构"是一种高性能的数据库架构,如图 10 - 2 所示,其基本原理是将数据库读写操作分散到不同节点上。

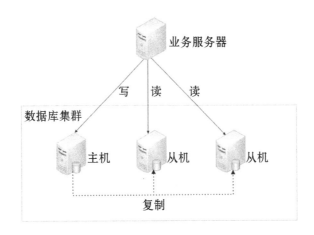

图 10 - 2　数据库读写分离架构

读写分离架构中,主库负责处理事务性的增、删、改操作,从库负责处理查询操作,能够有效避免由数据更新导致的行锁,使得整个系统的查询性能得到极大改善。读写分离是根据 SQL 语义的分析,将读操作和写操作分别路由至主库和从库。通过"一主多从"的配置方式,将查询请求均匀的分散到多个数据副本,进一步提升系统处理能力。另外,如果使用"多主多从"的配置方式,还能够在提升系统吞吐量的同时提升系统的可用性,即在任何一个数据库宕机或者磁盘物理损坏的情况下,系统仍然能够正常提供服务。

2. 数据库分区设计

读写分离架构虽然分散了数据库读写操作的压力,但没有分散存储压力,为了满足海量业务数据存储需求,就需要将存储分散到多台数据库服务器上。数据分片的有效手段是对关系型数据库进行分区设计,并非所有的数据库表通过分区都可以提高性能,适合分区的数据表一般如下特征:

(1)表数据量非常庞大,一般达到 G 级。

(2)表数据中含有大量的历史数据,仅用作查询。

数据库分区很好地解决了大数据量下数据库访问的性能问题,可以通过分区把一张数据库表中的数据分别放到不同的物理表空间上,来提高数据库访问

的速度。将存放在单一数据库中的数据分散存放至多个数据库或表中,以达到提升性能瓶颈以及可用性的效果:

（1）提高缩放性

纵向扩展单一数据库系统最终会达到物理硬件的限制。如果跨多个分区来分割数据,则每个分区托管在独立的服务器上,使系统几乎能够无限横向扩展。

（2）改善性能

在每个分区上的数据访问操作通过较小的数据卷进行。在正确操作的情况下,分区可以提高系统的效率,并且多个分区的操作可以同时运行。

（3）提高安全性

将敏感和非敏感隔离到不同的分区,对敏感数据应用不同的安全控制策略。

（4）提供操作灵活性

使用分区可以从多方面优化操作、最大限度提高管理效率、降低成本。例如,可以根据数据在每个分区中的重要性定义不同的策略,以管理、监视、备份和还原以及其他管理任务。

（5）提高可用性

跨多个服务器隔离数据可避免单点故障,如果一个服务器发生故障,只有该分区中的数据不可用,其他分区上的操作可以继续进行。

3. 数据库分离设计

随着数据库中数据量的不断增多,访问性能也会逐渐下降,单服务器的存量容量、连接数、处理能力有限,当数据达到一定数量级后,常规的数据库优化操作已经难以提升数据库性能。从资源角度来看以下几个问题会导致数据库出现性能瓶颈:

（1）单表数据量太大,查询时扫描的行数太多,消耗大量 CPU 资源。

（2）热点数据太多,无法全部放到缓存中,每次查询会产生大量的 I/O 操作。

（3）请求数据太多,网络带宽不够用。

当平台服务出现性能瓶颈时,为了避免学生体质健康数据的交叉和循环调用,将单一数据库拆分为多个数据库实例,将单一大表拆分为多个小表,可以解决单一数据源在数据量、并发访问、性能等方面的瓶颈,提升系统的整体性能和可靠性。本研究采用了数据库分离设计思路,分别设置了学生体质健康基础信息库和学生体质健康分析诊断库。学生体质健康基础信息库主要存放学生体质健康指标数据、学校和人员基本信息、学校体育工作评估指标信息等;学生体质健康分析诊断库主要存放测试成绩、诊断结果、运动处方等信息,以及对数据的统计和挖掘结果、报表分析数据、主题展示数据等。

(三)数据库概念结构设计

概念结构设计是数据库设计的关键,它通过对功能需求进行综合、归纳与抽象,形成一个独立于具体数据库管理系统的概念模型。天津市学生体质健康信息化公共服务平台的概念模型 E-R 图如图 10 – 3 所示。

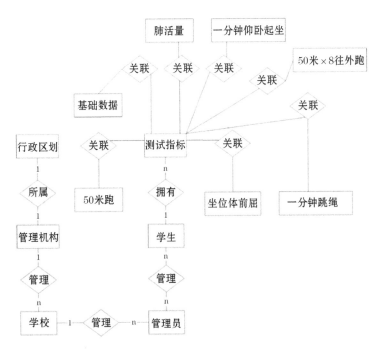

图 10 – 3 学生体质健康数据实体 E-R 图

天津市学生体质健康数据库的主要实体为:管理机构实体、学校实体、教师实体、学生实体、指标实体、评分标准实体、成绩实体、运动处方实体等,各实体的属性可参照第八章第三节的学生体质健康数据集。

(四)数据库逻辑结构设计

根据学生体质健康数据库实体 E-R 图,可建立数据库的逻辑结构,如图 10-4 所示。

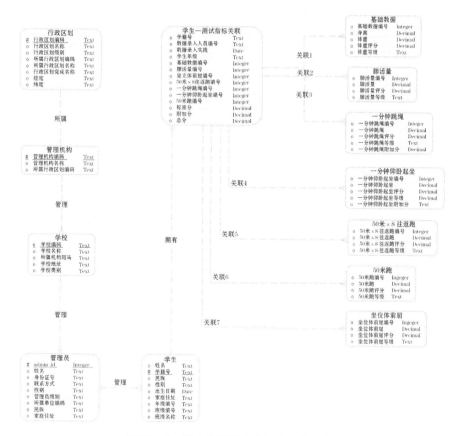

图 10-4　学生体质健康数据库逻辑结构

(五)数据库物理结构设计

根据天津市学生体质健康数据库逻辑结构,可给出相关数据库表的最小参考物理结构,如表 10-1 至 10-6 所列。

表 10 – 1　管理机构物理表最小基础结构

字段名	数据类型	可空	是否主键	字段描述
management_institution_code	varchar(20)	否	是	管理机构编码
region_code	varchar（20）	否	否	管理机构名称
management_institution_name	varchar(20)	否	否	所属行政区划编码

表 10 – 2　学校物理表最小基础结构

字段名	数据类型	可空	是否主键	字段描述
school_code	varchar(20)	否	是	学校编码
school_name	varchar(20)	否	否	学校名称
management_institution_code	varchar(20)	否	否	所属管理机构编码
school_address	varchar(20)	是	否	学校地址
school_type	varchar(20)	是	否	学校类型

表 10 – 3　教师物理表最小基础结构

字段名	数据类型	可空	是否主键	字段描述
teacher_id	Int(20)	否	是	id
teacher_name	varchar(20)	否	否	姓名
teacher_idcard	varchar(20)	是	否	身份证号
teacher_phone	varchar(20)	是	否	联系方式
teacher_sex	varchar(2)	是	否	性别
teacher_nation	varchar(10)	是	否	民族
teacher_level	varchar(10)	否	否	权限
institution_code	varchar(20)	否	否	所属单位编码
teacher_address	varchar(20)	是	否	住址

表 10 - 4　学生物理表最小基础结构

字段名	数据类型	可空	是否主键	字段描述
student_code	varchar(20)	否	是	学籍号
student_name	varchar(20)	否	否	学生姓名
student_nation	varchar(10)	是	否	学生民族
student_sex	varchar(2)	否	否	学生性别
health_code	varchar(2)	否	否	健康状况
student_birthday	data	是	否	学生生日
student_address	varchar(20)	是	否	学生住址
student_class_code	varchar(20)	否	否	学生班级编号
student_class_name	varchar(20)	否	否	学生班级名称
student_grade	varchar(20)	否	否	学生年级

表 10 - 5　评价指标物理表最小基础结构

字段名	数据类型	可空	是否主键	字段描述
index_id	varchar(20)	否	是	指标编号
index_name	double(10)	否	否	指标名称
index_type	double(10)	否	否	指标类型:评价或诊断
index_describe	double(10)	是	否	指标描述

表 10 - 6　学生—测试指标关联表最小基础结构

字段名	数据类型	可空	是否主键	字段描述
student_code	varchar(20)	否	是	学籍号
index_id	varchar(20)	否	是	指标编号
student_grade	varchar(20)	否	否	学生年级
student_score	varchar(20)	否	否	评分
student_level	varchar(20)	否	否	等级
extra_score	varchar(8)	是	否	附加分

五、平台功能模块设计与实现

平台的功能模块主要包括:数据管理模块、体质健康评价模块、体质健康诊断模块、决策结论模块、健康档案模块五个部分,总体功能结构如图 10 - 5 所列。

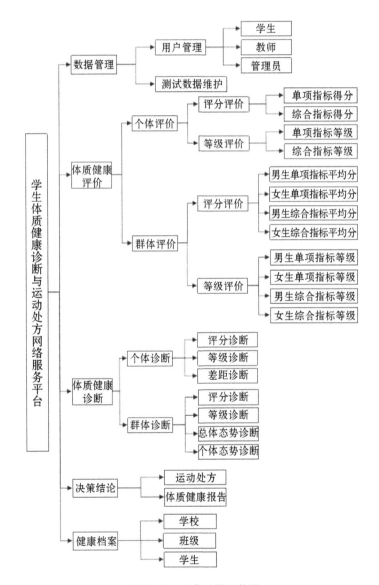

图 10 - 5 平台功能结构图

　　平台登录界面如图 10 – 6 所示,用户主要分为学生、教师和管理员三类。其中,学生和教师可由上一级别权限对应的用户创建,也可自行注册账号,如图 10 – 7 所示为学生注册界面。

　　教师是学生体质健康测试数据管理的第一责任人,具有对测试数据进行添加、修改、删除的功能;教师作为体育教学的组织者和实施者,具有删除或增加学生名单、修改学生基本信息等班级管理功能。各级管理员作为平台数据的管理维护者,其主要工作是进行学生和教师的用户管理与数据审核、分析结果查看等工作。

图 10 – 6　平台登录界面

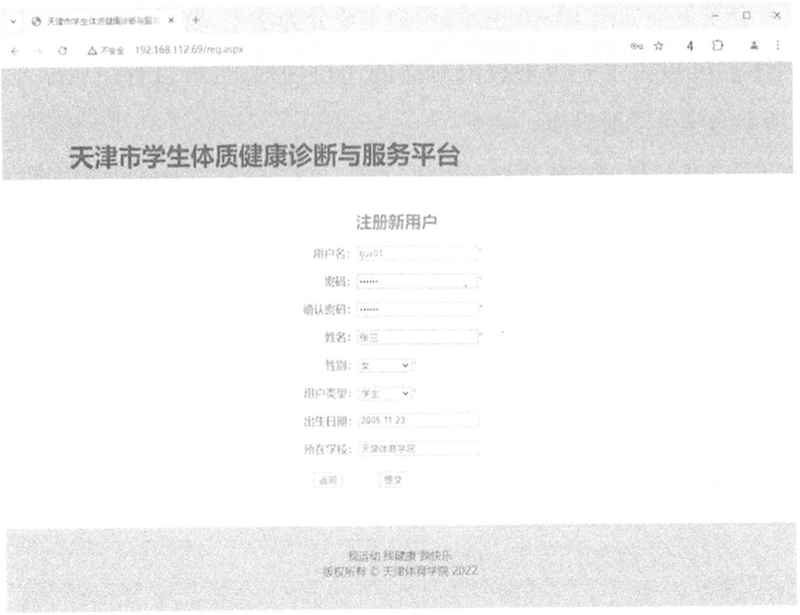

图 10 - 7　学生用户注册界面

（一）测试数据维护

测试数据管理模块主要体质健康测试指标数据的录入、修改和删除等操作，如图 10 - 8 和 10 - 9 所示，为数据录入操作界面。录入数据时首先选择学生的年级，平台根据年级信息和用户的性别自动设置需要输入的测试指标，输入数据后单击【提交】按钮，平台将对数据进行合法性检验并进行相关计算处理。

图 10 – 8　测试数据录入界面:第 1 步

图 10 – 9　测试数据录入界面:第 2 步

(二)体质健康评价模块

该模块按照第四章所构建的评价体系实现对学生和班级评分评价和等级评价的计算与展示功能。如图 10 – 10 和图 10 – 11 所示,分别为学生个体的评分评价结果和等级评价结果。

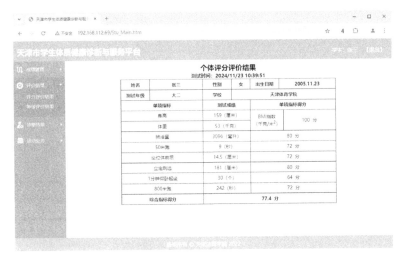

图 10 – 10　个体评分评价结果

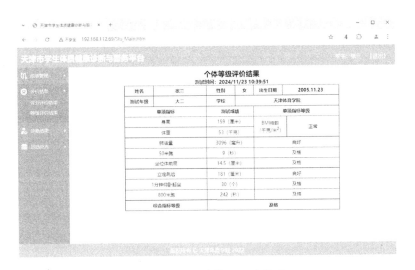

图 10 – 11　个体等级评价结果

(三)体质健康诊断模块

该模块按照第五章所构建的诊断体系实现对学生和班级评分评价和等级评价的计算与展示功能,并实现第九章诊断拓展服务相关功能。图 10 – 12 为学生个体评分诊断结果,图 10 – 13 为学生个体等级诊断结果,图 10 – 14 为学生个体差距诊断结果,图 10 - 15 为学生个体态势诊断结果。

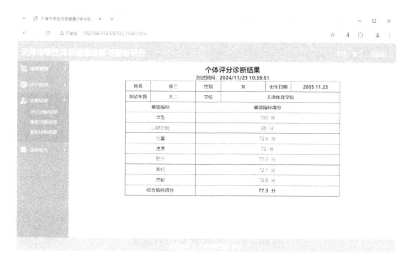

图 10 - 12　个体评分诊断结果

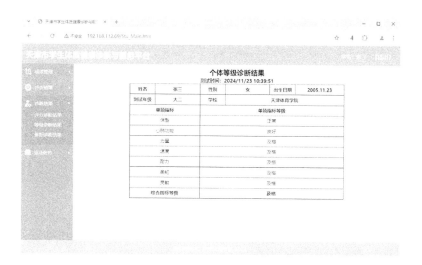

图 10 - 13　个体等级诊断结果

图 10 - 14　个体差距诊断结果

图 10 - 15　个体态势诊断结果

(四)运动处方模块

该模块的主要功能是依据分析与诊断的结果出具针对性的运动处方,根据学生的年龄、性别和诊断结果制定的运动方案,其结构包括运动目标、运动内容、运动时间、运动强度、组织方式、运动频率和注意事项 7 部分。为保证运动处方的多样性,对于各类运动目标提供两种运动处方,供学生和教师选择,图 10 - 16 为学生的运动处方。

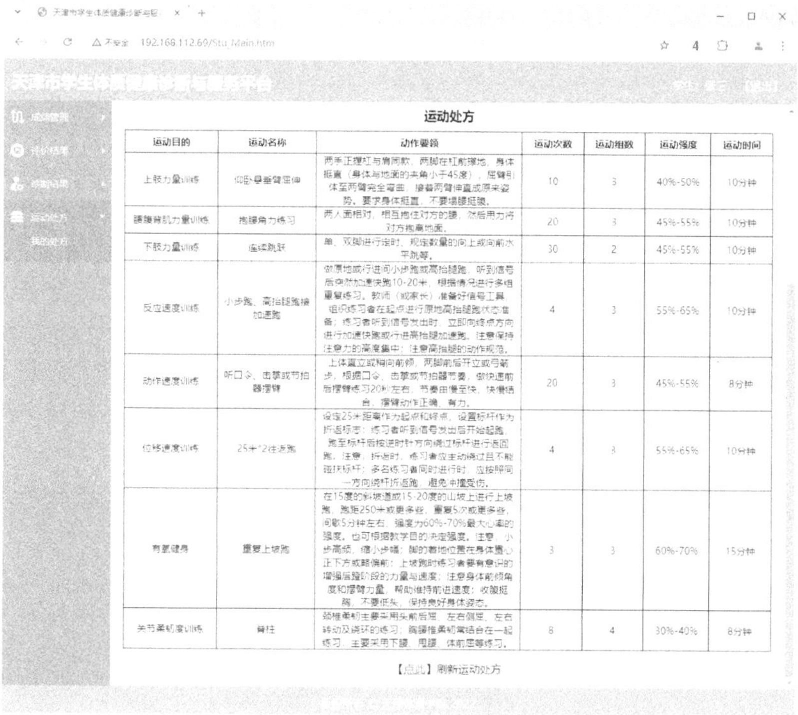

运动处方

运动目的	运动名称	动作要领	运动次数	运动组数	运动强度	运动时间
上肢力量训练	仰卧悬垂臂屈伸	两手正握杠与肩同宽，两脚在杠前撑地，身体挺直（身体与地面的夹角小于45度），屈臂引体至两臂完全弯曲，接着两臂伸直成原来姿势。要求身体挺直，不要塌腰挺腹。	10	3	40%-50%	10分钟
腰腹背肌力量训练	抱腰角力练习	两人面相对，相互抱住对方的腰，然后用力将对方抱离地面。	20	3	45%-55%	10分钟
下肢力量训练	连续跳跃	单、双脚进行定时、规定数量的向上或向前水平跳等。	30	2	45%-55%	10分钟
反应速度训练	小步跑、高抬腿跑接加速跑	做原地或行进间小步跑或高抬腿跑，听到信号后突然加速快跑10-20米，根据情况进行多组重复练习。教师（或家长）准备好信号工具组织练习者在起点进行原地高抬腿跑状态准备；练习者听到信号发出时，立即向终点方向进行加速快跑或行进高抬腿加速跑。注意保持注意力的高度集中；注意高抬腿的动作规范。	4	3	55%-65%	10分钟
动作速度训练	听口令、击掌或节拍器摆臂	上体直立或稍向前倾，两脚前后开立或弓箭步，根据口令、击掌或节拍器节奏，做快速前后摆臂练习20秒左右，节奏由慢至快，快慢结合，摆臂动作正确、有力。	20	3	45%-55%	8分钟
位移速度训练	25米*2往返跑	设定25米距离作为起点和终点，设置标杆作为折返标志；练习者听到信号发出后开始起跑，跑至标杆后按逆时针方向绕过标杆进行返回跑。注意，折返时，练习者应主动绕过且不能碰扶标杆；多名练习者同时进行时，应按照同一方向绕杆折返跑，避免冲撞受伤。	4	3	55%-65%	10分钟
有氧健身	重复上坡跑	在15度的斜坡道或15-20度的山坡上进行上坡跑，跑距250米或更多些，重复5次或更多些，间歇5分钟左右，强度为60%-70%最大心率的强度。也可根据教学目的决定强度。注意，小步高频，缩小步幅；脚的着地位置在身体重心正下方或略偏前；上坡跑时练习者要有意识的增强后蹬阶段的力量与速度；注意身体前倾角度和摆臂力量，帮助维持前进速度；收腹挺胸，不要低头，保持良好身体姿态。	3	3	60%-70%	15分钟
关节柔韧度训练	脊柱	颈椎柔韧主要采用头前后屈、左右侧屈、左右转动及绕环的练习；胸腰椎柔韧常结合在一起练习，主要采用下腰、甩腰、体前屈等练习。	8	4	30%-40%	8分钟

【点此】刷新运动处方

图 10－16　学生运动处方

(五)健康档案模块

该模块的主要功能是针对学生、班级、学校建立的不同层级的学生体质健康档案管理,提供体质健康历史数据的查询和备份等功能。学生健康档案中包括学生本人历年、历次的体质健康测试数据以及个人体质评价和诊断结果等内容,以学生个人体质健康测试成绩表和个人体质评价、诊断报告的形式在数据库中进行存储备份;班级健康档案中包括历年、历次全班学生的体质健康数据以及该班级中不同性别学生的班级体质评价和诊断结果等内容,以全班学生体质健康测试成绩表和班级体质评价、诊断报告的形式在数据库中进行存储备份;学校健康档案包括历年、历次全校学生的体质健康测试数据以及全校各班学生的班级体质评价和诊断结果等内容,以全校学生体质健康测试成绩表和班级体质评价、诊断报告的形式在数据库中进行存储备份。图 10－17 为调取的学生以往某次测试数据。

图 10-17 调取的学生健康档案

参考文献

[1]教育部体育卫生与艺术教育司.第八次全国学生体质与健康调研有关情况介绍.中国教育新闻网. http://www. jyb. cn/rmtzcg/xwy/wzxw/202109/t20210903_617389. html.

[2]谢佩娜.大学生体质健康自我诊断模式建立[J].浙江体育科学,2015,(5):106-110.

[3]马雪峰.谈青少年体质健康评价诊断及干预对策[J].才智,2017,(16):175-176.

[4]黄燕春.高职院校学生体质健康测试评价反馈机制存在的问题与建议[J].当代体育科技,2019(3):255.

[5]杜建军,赵阳.青少年体质健康模糊综合评价模型构建研究[J].凯里学院学报,2018(6):119-124.

[6]张慧清.体质评价与运动处方联合干预机制对大学生体质的影响[J].体育世界(学术版),2018(10):168-169.

[7]杨漾.上海学龄儿童青少年体质健康指标 LMS 曲线及相关参考标准的研究[D].上海体育学院.2014.

[8]李强.大学生健康诊断系统研究[J].天津体育学院学报,2002(4):48-51.

[9]王景明.大学生健康诊断与监测系统研究(一)[J].天津体育学院学报,
2000(3):60-61.

[10]王玲,李平斌.《大学生体质健康标准》实用软件的研制与应用[J].武
汉体育学院学报,2004(4):172-173.

[11]陈中医,孙青.运动处方教学模式对大学生体质健康影响的研究[J].
当代体育科技,2015,5(18):136-137.

[12]邵灿江.基于高中生体质健康指数的个性化运动处方研究与探讨[J].
青少年体育,2014(02):126-127.

[13]魏玉轩,金宗强.运动处方教学对大学生体质的促进研究—以篮球专
项为例[J].教育理论与实践,2017,37(03):60-62.

[14]王靖."快易网球"运动处方对大学生男生体质影响的实验研究[J].科
技资讯,2018,16(09):214-215.

[15]聂慧.高校制定针对体质健康的个性化运动处方的可行性研究[J].当
代体育科技,2016,6(03):98-99.

[16]张伟,贡建伟,吕玉军.个性化运动处方与大学生体质健康关系研究
[J].吉林体育学院学报,2013,29(02):79-82.

[17]祝捷,王少璞.社会学视阈下运动健康生活方式探究—评《体质健康评
价与运动处方》[J].中国高校科技,2018(10):122.

[18]胡哲生.运动处方是提高体育教学效果的有效手段[J].运动,2014
(12):108-109.

[19]杨军.学生体质健康测试数据应用面临的问题与对策研究[J].当代体
育科技,2018,8(17):231-235.

[20]钟亚平,谷厚鑫,刘鹏.体质健康大数据驱动的体育分层教学改革思路
探析[J].山东体育学院学报,2018,34(03):106-111.

[21]樊初八.大学生体质测试大数据建设的必要性分析[J].运动,2018
(16):70-71.

[22]陶霞.大数据时代下大学生体质健康测试后续服务管理模式创新研究[J].新丝路,2016(11):103-105.

[23]刘韵婷,郭辉.基于大数据的体质健康测试云平台系统设计[J].电子技术与软件工程,2018(4):196.

[24]黄永正.大数据背景下学生体质测试的创新发展[J].当代体育科技,2018,8(4):178-179.

[25]樊云.大数据环境下学生体质健康信息管理研究[J].自动化与仪器仪表,2018(4):58-60.

[26]WINSLOW, CEA. The untilled fields of public health[J]. Sci,1920,51(1306):23-33.

[27]汪晓赞,郭强等.中国青少年体育健康促进的理论溯源与框架构建[J].体育科学,2014(3):3-14.

[28]沈彬等.多指标判别分析对中小学校体育课运动负荷评价的研究[J].中国学校卫生,1998(1):49-52.

[29]凌启平.用平均心率评定体育课运动负荷为宜[J].武汉体育学院学报,1994(2):93-94.

[30]何晓渝.中学体育课运动负荷及练习密度的调查分析[J].重庆师范大学学报(自然科学版),2004(4):77-79.

[31]石应璇.合理安排中学体育课的练习密度和运动量[J].西北师范学院学报(自然科学版),1983(2):72-76.

[32]《体育词典》编辑委员会.体育词典[M].上海辞书出版社,1984.1.

[33]陈栋,曾玉榕.关于运动处方的起源及发展探讨[J].湖北体育科技,2002,1(2):177-178.

[34]蒋旻.浅析运动处方[J].辽宁体育科技,2003,(5):88.

[35]贾玉琳.运动处方的健身作用探讨[J].中国临床康复,2002,(9):1334.

[36]张恒亮.健身运动处方的制定[J].中国临床康复,2003,(24):3401.

[37]胡勇刚,张公虎.关于制定运动处方的探讨[J].河南教育学院学报(自然科学版),1999,8(3):85-86.

[38]谭思洁.体适能评价与运动处方[M].人民教育出版社,2006.

[39]王文刚.运动处方[M].广东人民出版社,2005.

[40]蔡睿,江崇民,郑迎东,张一民.国民体质综合指数数学模型的建立[J].体育科学.2005,25(3):30-32.

[41]龚丽景,高镝,陈晓可,王馨塘.全球运动处方研究热点、发展趋势与启示:基于 CiteSpace V 的分析[J].北京体育大学学报,2021,44(5):21-33.

[42]徐峻华,卫云红,叶菊菲.运动处方的信息化及应用[J].体育科研,2023,44(1):45-48.

[43]林子雨.大数据技术原理与应用[M].第4版.人民邮电出版社.2024.

[44]陈静,杨美红,张虎,李娜,郭莹.大数据综合应用实践[M].第1版.清华大学出版社.2022.

[45]段刚龙,谢天保.大数据分析与应用[M].第1版.经济管理出版社.2023.

[46]刘鹏,张燕,付雯,陈甫,李法平.大数据导论[M].第1版.清华大学出版社.2018.

[47]李月军.数据库原理及应用 MySQL 版[M].第2版.清华大学出版社.2023.

[48]杨冬青,李红燕,张金波等译.数据库系统概念[M].第1版.机械工业出版社.2021.

原有文献

[49]教育部.国家学生体质健康标准(2014年修订)[S].教体艺〔2014〕5号文件,2014.7.

[50]《国家学生体质健康标准解读》编委会.国家学生体质健康标准解读

［M］.人民体育出版社,2007.4.

［51］岳建军,阎智力,季浏,王建琴.美国青少年体质健康评价体系及其启示［J］.体育文化导刊,2013,(7):35－39.

［52］张朋,阿英嘎,李宝国.青少年体质健康监测的实务与反思［J］.广州体育学院学报,2016,(1):19－22.

［53］孙双明,叶茂盛.美、俄、日和欧盟学生体质健康测试概述［J］.北京体育大学学报,2017,(3):86－92.

［54］王青,付晓燕,杨磊,杨生民.基于层次分析法构建中医医院社会责任评价指标体系［J］.行政事业资产与财务,2020,(14):1－5.

［55］李冲,史曙生.我国青少年体质健康促进政策评估现存问题及改进思路［J］.体育学刊,2018,(4):68－72.

［56］吴键,袁圣敏,刘毅.中国大学生身体机能和身体素质动态分析——基于1985年到2014年学生体质与健康调研数据［J］.大学(研究版),2020,(4):45－55.